세상에 대하여
우리가
더 잘 알아야 할
교양

43

지은이 | 옮긴이 | 감수자 소개

지은이 **마크 프리드먼**

20년 넘게 글을 쓰고, 책을 만드는 편집자로 일했습니다. 그동안 역사, 정치, 스포츠, 건강과 피트니스, 과학, 동물, 시 등 다양한 주제에 관한 글을 쓰고 책을 만들었습니다. 지은 책으로는 《민주적 과정(The Democratic Process)》 《테러리즘에 대한 미국의 투쟁(America's Struggle with Terrorism)》 《인권(Human Rights)》 등이 있습니다.

옮긴이 **한진여**

연세대학교 영문과를 졸업했습니다. 출판사에서 저작권 수출입 및 편집 기획자로 근무했으며 영문과 일문 번역을 하고 있습니다. 《가해자 가족》 《딘킨딩스(전 4권)》 《아름다운 영혼의 동물들》 《올통이와 콕콕이》 등을 우리말로 옮겼습니다.

감수자 **홍순권**

서울대학교 대학원에서 박사 학위를 받았으며, 1991년부터 동아대학교 사학과 교수로 재직하고 있습니다. 한국 제노사이드 연구회 회장 및 진실·화해를 위한 과거사 정리위원회 위원 등을 역임했고, 현재는 포럼 '진실과 정의'의 공동 대표와 동 포럼에서 발행하는 《역사와 책임》의 편집위원장을 맡고 있습니다. 지은 책으로는 《한말 호남지역 의병운동사 연구》 《근대도시와 지방권력》 《전쟁과 국가폭력(공저)》 등이 있습니다.

상에 대하여
우리가
세 더잘 알아야 할
교양

마크 프리드먼 **지음** | 한진여 **옮김** | 홍순권 **감수**

43

제노사이드
집단 학살은 왜 반복될까?

내인생의책

차례

※ 본문의 **굵은 글씨**로 표시된 단어는 111페이지 용어 설명에서 찾아보세요.

흔히 역사서는 자기 나라와 민족의 자랑거리를 기술하는 데 많은 지면을 할애합니다. 그러나 우리가 역사를 알아야 하는 정말 중요한 이유는 자랑거리 못지않게 잘못된 과거를 진실 그대로 드러내어 다시는 되풀이하지 않도록 하는 데 있지 않을까요? 과거를 기억하고 미래를 준비한다는 것은 바로 이러한 의미일 것입니다. 그러나 역사 범죄와 관련해서 가해자는 스스로 잘못을 고백하고 참회하기보다는, 사건의 진실을 덮거나 부인하는 사례가 더 많습니다. 개인이 자신의 범죄 행위를 감추고 싶어 하는 것과 마찬가지로, 국가나 집단의 경우도 자신의 범죄 행위를 솔직히 드러내고 반성하기보다는 미화하고 사실 자체를 왜곡하는 경우가 흔합니다. 과거의 잘못된 역사가 반복되는 것은 바로 이 때문입니다.

제노사이드는 인간성을 상실한 인간이 할 수 있는 가장 극단적인 범죄 행위입니다. 그것은 극단적 이기심에 의한 인간성의 파멸 그 자체를 의미합니다. 제노사이드의 가해자는 자신 또는 자신이 속한 종족이나 집단의 이익을 위해서 상대방의 절멸을 원합니다. 타자에 대한 배려나 타자와의 공존을 추구하기보다는 타자를 배제함으로써 자신의 존재 이유를 찾는 반인륜 행위입니다. 이러한 상황에서는 인권이란 개념조차 존재하지 않습니다. 어떠한 이유에서이든 제노사이드 범죄가 용납된다면 그것은 결국 인류 모두가 공멸하는 길이 될 것입니다.

제노사이드가 발생했던 사회 환경을 보면, 그 사회에서는 오로지 자기 인종이나 자기 종교, 자기 문화만이 존중됩니다. 다른 인종과 다른 종교, 다른 문화, 다른 가치나 이념은 인정되지 않는다는 점에서 제노사이드는 파시즘적 범죄입니다. 즉, 제노사이드가 일어나는 사회의 속성은 문화적으로는 획일주의적이며, 정치적으로는 반민주적이고 독재적입니다. 그것은 과거 제노사이드의 역사를 통해서 확인할 수 있습니다. 따라서 제노사이드를 극복하는 방법은 사회를 민주화하고 다원화하는 시키는 것입니다.

현대는 과학 문명의 시대라고들 말합니다. 실제로 인류의 역사는 과거 1~2세기 동안 그 이전 어느 시기와도 비교할 수 없을 만큼 엄청난 사회 변화와 함께 과학 문명의 발전을 이룩하였습니다. 그러나 이러한 발전적 측면과는 대조적으로, 그동안 인류는 두 차례에 걸친 세계 대전의 참화를 자초했고, 세계 대전 이후 한동안 냉전의 갈등 구조를 유지시켰고, 냉전이 끝난 지금도 지구 곳곳에서 전쟁을 그치지 않고 있습니다.

과거 제국주의 세력에 의해 저질러진 침략 전쟁과 제노사이드의 진실을 여전히 제대로 밝히지 못하고 있고, 제노사이드라는 범죄를 근절시키지 못하고 반복하고 있습니다. 20세기를 '극단의 시대'라고 표현했던 역사학자 에릭 홉스봄의 지적처럼, 인류의 현대사는 문명의 역사가 아니라

야만의 역사로 기억될지도 모를 일입니다. 이것이 제노사이드를 제대로 공부해야 하는 또 하나의 이유입니다.

우리 역사에서도 제노사이드와 유사한 집단 학살을 찾아볼 수 있습니다. 멀리는 19세기 말 20세기 초에 일어난 일본군에 의한 동학 농민군과 의병에 대한 집단 학살을 비롯하여 일제 강점기 만주 독립군을 토벌하면서 일제가 일으킨 경신 대참변(1920년), 일본의 관동 대지진 때 일어난 조선인 집단 학살(1923년), 패전 직전 일제가 중국 하이난 섬에서 일으킨 조선인 노동자 집단 학살(1945년) 등, 일제가 저지른 제노사이드 범죄를 일일이 헤아리기 어렵습니다. 해방 이후 일어난 제주 4.3사건(1948년), 한국 전쟁 기간의 민간인 집단 학살 등도 이념 갈등이 그 바탕에 깔렸지만, 본질은 상대방의 절멸을 목표로 한 무차별적인 집단 학살이라는 점에서 제노사이드와 다를 바 없었습니다. 이처럼 식민지 시대와 민족 분단의 한국 현대사의 굴절 속에는 수많은 제노사이드와 집단 학살의 아픈 역사가 자리 잡고 있습니다.

제노사이드는 과거의 역사가 아닙니다. 불행히도 그것은 현재 진행형입니다. 또 과거에 있었던 제노사이드의 진실이 다 밝혀진 것도 아닙니다. 패전국이 저지른 제노사이드 범죄에 대해서는 처벌과 함께 비교적 많은 조사와 연구가 진행됐지만, 승전국이 행한 제노사이드 범죄나 국가 내부에서 이루어진 제노사이드 범죄의 진실은 아직도 땅속에 파묻혀 있는 경우가 많습니다. 이러한 진실을 어둠 속에서 드러내어 밝히는 것은 미래 세대의 또 다른 과제가 될 것입니다.

두 번에 걸친 세계 대전의 참화와 제노사이드 범죄를 교훈 삼아, 1948

년에 유엔 총회에서 세계인권선언을 채택한 지 67년이 지났습니다. 그러나 아직도 지구 곳곳에는 인권의 사각지대가 존재합니다. 이러한 인권의 사각지대는 제노사이드의 잠재적 온상입니다. 또 우리 안의 파시즘과 미숙한 인권 의식도 제노사이드 범죄의 싹을 키우는 온상이 될 가능성이 높습니다. 이러한 점에서 인권 의식을 높이는 것이 제노사이드 범죄의 재발을 막는 가장 효과적인 방법입니다. 아울러 제노사이드에 대한 올바른 이해도 인간의 본성을 깨우치고, 인권의 중요성을 깨닫게 하는 교육 방법이라고 할 수 있습니다.

이 책은 제노사이드에 대해서 이해하기 쉽게 체계적으로 정리해 놓았습니다. 저자의 현대사에 대한 깊은 통찰과 꼼꼼한 내용 구성에 비추어 볼 때, 이 책은 제노사이드를 이해하는 인권 교육의 훌륭한 길잡이 역할을 충분히 수행할 수 있을 것으로 기대됩니다.

동아대학교 사학과 교수, 전 제노사이드연구회 회장 **홍순권**

들어가며 : 20세기는 야만의 시대였다

2003년 아프리카의 수단 서부 다르푸르라는 마을에서 차마 눈뜨고 볼 수 없는 광경이 벌어졌습니다. 다르푸르 반군인 수단 해방군과 수단 정부 사이에 분쟁이 생기자, 수단 정부의 지원을 받은 이슬람 **민병대**가 다르푸르 마을의 죄 없는 민간인들을 습격한 거예요. 500명의 마을 사람들이 당한 끔찍한 참극을 두 눈으로 목격한 부족장은 다음과 같이 한탄했습니다.

"비행기에서 폭탄이 떨어진 다음, 군인들이 들이닥쳤어요. 그리고 몇 시간도 안 돼 어린아이들을 포함해 마을 사람 200여 명을 도륙했지요. 그런 다음 군인들은 남은 소녀들을 성폭행했어요. 시체를 불에 태우거나 우물 속에 집어던져 버렸어요."

민병대는 아무 죄 없는 민간인 500명을 왜 살해해 버렸을까요? 왜 민병대는 그 마을을 지도에서 지워버린 걸까요? 왜 어린아이들과 노인들까지 고문하고 잔인하게 죽인 걸까요?

제노사이드는 계속된다

20세기는 '제노사이드의 100년'이었습니다. 1915~8년 오스만 제국(터

제노사이드로 수많은 사람들이 그들의 삶의 터전을 떠나야 했다.

키의 전신)이 아르메니아인 100만여 명을 **몰살**한 것을 시작으로, 1939~
45년 제2차 세계 대전 중 나치 독일이 600만여 명의 유대인을 살해한 홀
로코스트, 1994년 르완다 후투족이 경쟁 관계의 투치족 80만여 명을 학
살한 사건 등 광기 어린 집단 살육이 꼬리에 꼬리를 물고 이어졌습니다.
한 통계에 따르면 지난 100년간 제노사이드로 희생된 민간인 수가 1억
7,500만 명에 이른다고 합니다.

1944년 이전까지는 군대 간 전쟁이 아닌 '민간인을 대상으로 한 전쟁'
을 표현할 용어가 없었습니다. 그래서 폴란드 출신의 유대인 법학자 라파
엘 렘킨은 이 '이름 없는 전쟁'에 '제노사이드(genocide)'란 이름을 붙였습
니다. 종족을 뜻하는 고대 그리스어 제노스(genos)와 살인을 뜻하는 라틴
어 사이드(cide)를 결합했지요. 렘킨은 제노사이드를 국제법상의 범죄로
확정짓기 위해 동분서주했고, 렘킨의 노력은 1948년 **유엔** 총회에서 제노

사이드 협약을 맺음으로써 결실을 보게 되었습니다. 제노사이드 범죄는 '국민·인종·민족·종교 집단 전체 또는 부분을 파괴할 의도를 가지고 실행된 행위'로 규정되었습니다(협약 제2조).

하지만 그 후로도 '제노사이드'라는 천인공로할 범죄는 계속되었습니다. 1980년대 사담 후세인 이라크 정권은 18만 명 이상의 쿠르드족을 살해했고, 1990년대 유럽 발칸 반도에서 민족·종교 갈등에 따른 무력 충돌로 20만여 명이 희생되기도 했습니다. 21세기도 지난 세기와 크게 다르지 않습니다. 중동에선 이슬람 국가에 의해 타 종파·종교인 학살이 자행되고, 미국에선 흑백 갈등, 유럽과 아프리카에선 제노포비아(외국인 혐오증)가 기승을 부리고 있습니다.

특히 아프리카의 르완다에서 벌어진 대량 학살은 홀로코스트 이후 유엔이 처음으로 제노사이드로 규정한 비극이었습니다. 1994년 4월 다수 종족인 후투족이 소수 종족인 투치족 80만 명을 살해한 것이지요. 분당 7명, 하루 1만 명꼴로 100일 동안 르완다 인구의 10퍼센트가 살해당한 것입니다.

제노사이드를 막는 사람들

당시 많은 투치족이 이른바 '민족 청소'를 피해 르완다 수도 키갈리의 밀 콜린스 호텔로 몰려들었습니다. 이때 호텔 지배인 폴 루세사바기나는 놀라운 기지와 용기를 발휘해 100일 동안 1,268명의 목숨을 지켜 냈습니다. 이 사건은 2004년 테리 조지 감독에 의해 영화 '호텔 르완다'로 제작됐으며, 폴 루세사바기나는 2005년 미국 정부로부터 최고 영예인 '자유의 메달'을 받기도 했습니다.

이처럼 전쟁이나 대학살, 폭력 등이 자행될 때 생면부지의 생명을 지키기 위해 희생과 위험을 무릅쓴다는 것은 쉬운 일이 아닙니다. 그런데 어떤 사람들은 이런 극한 상황에서도 생명에 대한 존엄과 박애 정신으로 기적 같은 일을 해내기도 합니다. 영화 '쉰들러 리스트'의 주인공 오스카 쉰들러가 대표적인 사람입니다. 독일인 실업가인 그는 나치의 수용소에서 1,100여 명의 유대인을 자신의 군수품 노동자로 빼돌려 목숨을 구했습니다.

제2차 세계 대전 종전 후 살아남은 유대인들은 자신들의 금니를 뽑아 오스카 쉰들러에게 탈무드 글귀(한 생명을 구한 자는 전 세계를 구한 것이다)를 새긴 반지를 선물했습니다. 모든 쉰들러들에게 바치는 헌사인 셈이지요.

제노사이드가 벌어지는 상황에서 사람들은 다음과 같은 세 가지 중 한 가지를 선택하게 됩니다. 제노사이드라는 잔혹 행위에 동참할 것인가? 이와 반대로, 죽음을 각오하고 범죄에 저항할 것인가? 아니면, 아무것도 하지 않고 방관자가 될 것인가? 이 세 가지 가운데 어느 것을 택하더라도 결코 쉽게 내린 결정이 아닐 겁니다. 이 글을 읽는 여러분이라면 어떻게 하겠어요? 악의 지배 권력에 대항해 끔찍한 벌을 받거나 죽음을 각오하고 싸울 용기를 낼 수 있을 것 같아요?

이제부터 제노사이드란 구체적으로 무엇을 의미하는지, 여러 가지 사례를 통해 제노사이드가 일어난 과정과 발생 이유 그리고 어떻게 하면 제노사이드와 같은 비극을 막을 수 있는지에 대해 알아보도록 합시다.

제노사이드란 무엇일까?

실제로 아프리카의 어떤 나라에서는 한 마을 사람들이 모두 살해당하고, 마을 전체가 불타 버리기도 했습니다. 자신의 종교를 바꾸지 않아 살해당한 종교 집단도 있었지요. 종족이 다르다는 이유로 주위에서 같이 살아가던 다른 종족 사람에게 살해당하기도 했습니다.

제노사이드 란 무엇일까요? 제노사이드(geno-cide)는 민족, 종족, 인종을 뜻하

는 그리스어 제노스(genos)와 살인을 의미하는 라틴어 사이드(cide)가 합쳐진 말입니다. 즉, 고의로 혹은 제도적으로 어떤 민족, 종족, 인종, 종교 집단의 전체나 일부를 파괴하는 집단 학살 범죄를 말하지요. 이와 유사한 용어로 홀로코스트가 있습니다. 홀로코스트도 일반적으로 집단 학살 범죄를 가리키지만, 고유명사로 쓸 때는 제2차 세계 대전 중 나치 독일에 의해 자행된 유대인 대학살을 지칭합니다. 그래서 집단 학살 범죄를 가리킬 때는 제노사이드란 말을 더 많이 사용합니다. 실제로 아프리카의 어떤 나라에서는 한 마을 사람들이 모두 살해당하고, 마을 전체가 불타 버리기도 했습니다. 자신의 종교를 바꾸지 않아 살해당한 종교 집단도 있었지요. 종족이 다르다는 이유로 주위에서 같이 살아가던 다른 종족 사람에게 살해당하기도 했습니다. 제노사이드는 이러한 끔찍한 범죄를 가리키는 것으로, 수많은 사람들이 고통 속에 죽어 갔습니다.

전쟁에서 군인은 적국의 군대와 싸웁니다. 그러나 제노사이드는 특정 집단의 사람들을 상대로 전쟁을 벌입니다. 권력을 가진 지배자 혹은 특정 국제 법정에서 제노사이드라는 말이 처음으로 사용된 것은 뉘른베르크 재판이었다. 제노사이드라는 말을 만든 사람은 유대계 폴란드인 변호사 라파엘 렘킨이었다.

1900년에 태어난 렘킨은 청소년 시절 역사에 관한 책을 즐겨 읽었다. 렘킨은 몽골 제국의 대량 학살과 아르메니아 제노사이드 등 과거에 일어난 대량 학살에 관해 깊은 관심을 가졌다. 렘킨은 커서 변호사가 되었고, 1939년 나치가 폴란드를 침략하자 자유를 찾아 스웨덴으로 탈출했다.

그 뒤 렘킨은 대량 학살에 대해 계속 연구를 하고 글을 발표했는데, 대량 학살자들이 자신이 저지른 잔혹함에 대한 대가를 치르지 않은 사실에 분노를 금할 수 없었다. 렘킨은 대량 학살에 대한 글을 쓰면서, 이러한 행동을 가리키는 '제노사이드'라는 용어를 고안해 냈다.

뉘른베르크 재판에서 렘킨은 나치가 제노사이드에 대한 책임을 져야 한다고 재판부를 설득하기 위해 노력했다. 몇몇 변호사들은 그의 말에 귀를 기울였고, 제노사이드라는 말은 재판이 열리는 동안 줄곧 사용되었지만, 공식적인 용어로 채택되지는 못했다.

그 뒤 렘킨은 뉴욕을 방문하여 유엔 설립을 준비 중이었던 지도자들을 만나 자신의 의견을 피력했다. 유엔은 제노사이드에 대한 렘킨의 의견을 채택하여 집단 학살에 관한 국제 법률안을 만들 때 반영하였다.

1948년 유엔은 당시 새로운 말이었던 제노사이드를 이렇게 규정했다. 제노사이드란 국민, 인종, 민족 또는 종교 집단의 전체 또는 일부를 파괴할 의도로 벌어진 다음과 같은 행위를 말한다.

- 집단의 구성원을 살해하는 것.
- 집단의 구성원에 대하여 중대한 육체적·정신적 위해를 가하는 것.

- 집단을 파괴할 목적으로 의도된 생활 조건(예를 들면 기아 등)을 그 집단에 강요하거나 일부러 내버려 두는 것.
- 집단 내 출생을 막는 것.
- 집단 내의 어린이를 강제로 다른 집단으로 이동시키는 것.

제노사이드라는 말을 만든 라파엘 렘킨

집단이 어느 한 집단을 영원히 제거하기 위해 소위 씨를 말리는 전쟁을 벌이는 거지요. 희생자 혹은 희생 집단들은 생명의 위협도 받지만 존재의 다른 측면도 위협을 받습니다. 가해자들은 희생자들의 문화와 역사를 포함한 모든 흔적을 지우려고 하니까요.

▍십자군 전쟁 동안 많은 유대인들이 고문당하고 살해당했다.

십자군 전쟁

20세기에 처음으로 인류는 제노사이드라는 말을 사용하기 시작했지만, 사실 제노사이드는 그 이전에도 계속해서 자행되어 왔습니다. 십자군 전쟁은 제노사이드란 말이 생기기 이전에 벌어졌던 대표적인 제노사이드 사례이지요. 로마 가톨릭교회는 약 200년 동안 수많은 전투를 벌였고, 이 과정에서 무수하게 많은 사람들을 죽였습니다. 1095년 시작된 제1차 십자군 원정에서 십자군은 성지를 찾는다는 명목으로 예루살렘으로 진군했습니다. 그로 인해 그곳에 살던 이슬람 지도자와 주민들은 예루살렘에서 **축출**되었지요. 그뿐만 아니라 십자군은 독일 지역에 있는 유대인 공동체를 파괴하려는 시도도 했습니다.

그렇다면 십자군은 왜 유대인을 적이라고 간주했을까요? 유대인이 예수의 죽음에 일정 부분 책임이 있다고 여겼기 때문입니다. 기독교인이 유대인에게 폭력을 행사한 사례는 수없이 많습니다. 기독교인과 유대인이 평화롭게 함께 살던 때도 있었지만, 그 평화 밑에는 항상 분노가 숨어 있었던 것이지요. 십자군은 유대인들을 불러 모아 **개종**하지 않으면 살해하겠다고 위협했습니다. 그 결과 많은 유대인들이 유대교를 버리고 기독교인이 되었습니다. 유대인들이 살아남기 위해 종교를 바꾸었던 것이지요. 개종하지 않은 유대인은 무참히 살해당했습니다. 남자, 여자 가릴 것 없이 아이들도 수백 명이 도살되었지요. 보름스 시에서는 한 번에 800명의 유대인이 살해당하기도 했습니다.

죄 없는 유대인을 구하기 위해 갖은 노력을 다한 기독교인들도 있기는 있었습니다. 쾰른에서는 지역 주교와 많은 기독교인들이 유대인을 자신들의 집에 숨겨주었습니다. 안전한 곳으로 거처를 옮길 수 있을 때까

생각해 보기

종교는 그것을 위해 싸우고, 죽을 만한 가치가 있는 걸까? 많은 종교인은 자신의 종교에 대한 강한 믿음이 있다. 무언가에 대한 믿음이 강할수록, 자신의 믿음에 동의하지 않는 사람들을 잘못된 것으로 생각하기가 쉽다. 그렇다 하더라도 어떤 종교를 가진 집단이 자신들의 신앙 때문에 다른 사람들을 죽음에 이르게 해도 되는 걸까?

지요. 하지만 상당수 지역에서는 마을 사람과 지역 교회의 지도자들이 유대인을 자진해서 십자군에게 넘겼고 심지어 그들을 고문하고 살해하는 것을 돕기도 했습니다.

독일의 유대인들은 공포에 사로잡혔습니다. 십자군이 곧 도착한다는 이야기를 들은 유대인들은 강에 몸을 던지거나, 자식을 죽인 다음 스스로 목숨을 끊었어요. 십자군 손에 고통스럽게 죽느니 차라리 자기 손으로 자식들의 생을 마감시키는 방법을 택한 거지요.

몽골의 정복 전쟁

십자군 전쟁이 유럽에서 시작된 지 약 1세기가 지난 뒤, 이와 비슷한 야만적인 시기가 아시아에서도 도래하였지요. 1206년 칭기즈 칸이 중국 북쪽 지역에 몽골 제국을 세웠습니다. 칭기즈 칸은 자신의 제국을 확장하기 위한 전쟁을 일으켰습니다. 이 정복 전쟁은 거의 한 세기 동안 계속되다가 1368년에 끝이 났지요.

전쟁 동안 몽골 군대는 수많은 도시에서 수많은 사람들을 죽였습니다. 그들은 정복한 도시의 모든 주민에게 집을 나와 성 밖으로 모이라고 명령했지요. 그런 다음 그곳에 모인 수많은 무기 없는 주민들을 상대로 무차별적으로 칼을 휘두르고 활을 쏘았습니다. 몽골 군인들은 자신들이 얼마나 명령을 잘 수행했는지 증거를 대기 위해 시체에서 귀를 잘랐습니다. 몽골 군대가 서쪽으로 이동함에 따라 초원의 서쪽 도시들은 유령 도시가 되었고, 살아있는 주민들을 찾을래야 찾을 수가 없었습니다. 이란에서는 인구의 75퍼센트가 넘는 사람들이 살해당했지요. 지금의 러시아 세계 역사상 가장 넓은 영토를 정복했던 몽골 제국을 세운 칭기즈 칸은 1162년에 태어났다. 원래 이름은 보르지긴 테무친이다. 칭기즈 칸은 여러 부족을 모아 몽골 제국을 만들었으며, 세계 정복이라는 야망을 품고 한 세기 동안 이어지는 전쟁을 시작했다. 1227년 칭기즈 칸이 죽은 이후에도 그의 아들과 부족장들이 계속 전쟁을 이어갔다. 정복 전쟁 초기에 칭기즈 칸은 도시민 전체의 몰살과 방화를 일삼아 자신들의 정복 전쟁을 막고자 하는 이들에게 본보기를 보여주었기 때문에 사람들은 극심한 공포에 떨어야 했다. 아돌프 히틀러가 칭기즈 칸을 롤 모델이라고 고백할 정도였다.

몽골 제국의 칭기즈 칸이
중국과 전쟁을 벌이는 장면이다.

지역도 몽골에 정복되어 많은 도시가 불탔고, 수많은 사람들이 목숨을 잃어야 했습니다.

스페인 종교 재판

1478년부터 1700년대까지 스페인 **종교 재판** 동안 가톨릭교회는 가톨릭을 믿지 않는 사람들을 **박해**했습니다. 가톨릭교회는 군대를 사용하지 않았지만, 대신 교회 관계자와 주민들이 독자적인 종교 재판을 열 수 있는 권한을 부여하였지요. 스페인 종교 재판은 유럽에서 처음 벌어진 종교 재판은 아니었지만 가장 잔인한 종교 재판으로 악명이 높았지요. 종교 재판은 기독교 **이단자**, 유대인, 이슬람교도 등을 피고인으로 삼았고, 오늘날의 법정에 해당하는 종교 재판소가 각 마을에 우후죽순 세워졌지요.

재판소를 세운 후에는 재판소에 와서 자신이 이단자라고 고백할 수 있는 유예 기간을 줬습니다. 비밀스럽게 다른 종교를 믿고 있는 자가 와서 고백하기도 했지요. 그렇지만 고백을 한 사람들은 처벌을 받았고 때로 고문을 당하기도 했습니다. 유예 기간이 끝나자 재판소는 이단자로 의심되는 사람들을 가려내기 시작했어요. 이단자들은 체포되어 형식적인 재판을 받고 화형을 당하기도 했습니다. 1490년대, 재판소는 비기독교인들을 스페인에서 아예 추방하기도 했지요.

미국 원주민들의 강제 이주

1800년대 중반 미국 정부는 북아메리카 대륙 남동부에 있던 원주민들이 서쪽으로 이주하기를 바랐습니다. 원주민들이 살던 땅을 자신들이 차

지할 필요가 있다고 여겼지요. 수 세기 동안 이어진 미국 정부와 원주민과의 분쟁은 1830년 원주민 이주법이 제정되면서 수많은 원주민들이 자신의 고향을 떠나 서부로 강제 이주하게 되면서 일단락되었습니다.

원주민 이주법은 원주민에게 자신이 사는 터전에 머무를 선택권도 주었습니다. 하지만 원주민 부족으로서의 정체성을 포기하고 미국 시민이 될 것에 동의해야만 했습니다.

제노사이드에서 가장 뚜렷한 특징 가운데 하나는 지배 권력을 가진 자가 특정 집단 사람들에게 정체성을 바꿀 것을 강요한다는 것입니다. 십자군 전쟁과 종교 재판에서, 기독교 교회는 다른 종교를 가진 사람들에게 기독교로 개종할 것을 강요했습니다. 1830년 미국 정부도 원주민에게 작은 선택을 주었습니다.

"이곳을 떠나라. 여기 남아 살고 싶으면 우리의 시민이 되어라."

이에 따라 미국 시민이 되어 그대로 고향에 남는 원주민들도 있었고, 떠나기를 거부하며 저항하는 원주민들도 있었습니다. 하지만 결코 이길 수 없는 싸움이었어요. 결국, 미국 정부는 원주민을 서부로 쫓아내는 데 성공했습니다.

눈물의 길

1831년 시작된 미국 원주민들의 **강제 이주**는 1830년대 내내 계속되었습니다. 미국 정부는 강제 이주에 필요한 물품들을 지원했지만, 수만 명의 사람들에게는 턱없이 부족했지요. 이동을 시작한 지 얼마 안 되어 식량은 바닥이 났고, 날씨마저 험악해졌습니다. 원주민들과 그들의 이삿짐

▎서부로 강제 이주해 가던 많은 원주민들이 끔찍한 외부 환경으로 인해 죽음을 맞았다.

을 실어 나를 말과 마차, 보트도 없다시피 했습니다. 고통스러운 이동 끝에 살아남은 촉토(원주민 말로 '붉은 사람'이라는 뜻)족 추장은 한 신문 기자에게 자신들은 '눈물과 죽음의 길'을 건넜다고 말했지요. 이 말이 여러 신문과 매체에 실리면서 '눈물의 길'은 이 시기 원주민 강제 축출을 상징하는 말이 되었습니다.

강제 축출의 첫 번째 단계는 원주민들을 원래 살던 마을에서 쫓아내 근처의 격리 수용소로 보내는 일이었습니다. **격리 수용소**에 사람이 넘쳐나면서 질병 또한 급속히 번졌습니다. 그 결과 많은 사람들이 목숨을 잃었지요. 두 번째 단계는 격리 수용소에서 살아남은 사람들이 서부로 수천 킬로미터를 가로지르는 기나긴 이동을 시키는 것이었습니다. 잔인하

제노사이드의 패턴

　지금까지 살펴본 3개의 제노사이드 예에서 우리는 어떤 패턴을 읽을 수 있다. 모든 제노사이드가 똑같은 것은 아니지만, 대부분의 제노사이드는 다음과 같은 과정을 포함한다.

● **박해** : 한 집단의 지배자나 정부가 유언비어를 퍼뜨리거나, 생계를 막거나, 돈이나 재산을 빼앗는 등의 방법으로 특정 집단의 사람을 학대하는 것.
● 강제 이주 : 특정 집단의 사람을 그들의 나라나 고향에서 추방하는 것.
● 집단 굴욕 : 특정 집단이 이상한 사람들로 오해받고, 그들의 문화를 부정 당하는 것.
● 선택적 살해 : 일부 특정 집단의 사람들만 죽이는 것.

게 추운 겨울 날씨는 참으로 혹독하기만 했지요. 남녀노소, 건강한 사람, 아픈 사람 할 것 없이 모두가 죽음의 고통을 맛보아야 했습니다. 4,000명의 체로키족을 포함해 1만 5,000명의 원주민들이 '눈물의 길'에서 목숨을 잃었지요.

- 제노사이드(genocide)는 민족, 종족, 인종을 뜻하는 그리스어 제노스 (genos)와 살인을 의미하는 라틴어 사이드(cide)가 합쳐진 말이다. 즉, 고의로 혹은 제도적으로 어떤 민족, 종족, 인종, 종교 집단의 전체나 일부를 파괴하는 집단 학살 범죄를 말한다.

- 제노사이드의 대표적 예로는 집단의 구성원을 살해하는 것, 집단의 구성원에 대하여 중대한 육체적·정신적 위해를 가하는 것, 집단을 파괴할 목적으로 의도된 생활 조건(예를 들면 기아 등)을 그 집단에 강요하거나 일부러 방치하는 것, 집단 내 출생을 막는 것, 집단 내의 어린이를 강제로 다른 집단으로 이동시키는 것 등을 들 수 있다.

아르메니아,
현대의 첫 제노사이드

1915년 2월, 오스만 제국은 모든 아르메니아 군대의 무기를 회수하고 군인들을 노동자로 만들어 버렸습니다. 아르메니아 남자들은 살인적인 환경 속에서 건물을 짓고 도로를 놓는 일을 했지요. 4만여 명의 남자가 이 일에 투입되었는데 극심한 더위와 최악의 노동 환경으로 인해 살아남은 사람이 거의 없을 정도였습니다. 그나마 몇 안 되는 생존자들마저 총살당하고 말았지요.

제노사이드 는 우리와는 관계없는 먼 옛날에 일어난 일이라고 생각하기 쉽습니

다. 그러나 제노사이드는 과거와 마찬가지로 지금도 현재 진행형이지요. 20세기 초반, 세워진 지 백 년이 된 오스만 제국은 살아남기 위해 발버

위 지도는 1930년대 초반 오스만 제국의 영역을 보여 준다.

둥 치고 있었습니다. 한때 아시아에서 유럽, 아프리카까지 영토를 넓혔던 오스만 제국이었지만 점점 쇠락해 가고 있었지요. 1900년대 초반까지만 해도 오스만 제국은 오늘날 터키로 알려진 지역을 장악하고 있었습니다. 오스만 제국은 자신들의 동쪽에 위치하고 있고, 북동쪽으로는 러시아와 국경을 접하고 있던 아르메니아를 정복했습니다.

왜 아르메니아인은 미움을 받았을까요?

기독교를 믿는 아르메니아인은 대부분 이슬람교를 믿는 오스만 사회와 조화롭게 어울리지 못했고, 수시로 박해를 받아야만 했습니다. 게다

▌아르메니아 여인들이 오스만 제국으로부터 자신들을 방어하기 위해 벽을 쌓고 있다.

가 오스만 제국의 통치자들은 아르메니아가 힘을 키워 독립 국가가 되는 것을 두려워했지요. 1800년대 후반, 아르메니아의 마을들은 오스만 제국과 쿠르드족 연합 군대에게 자주 점령을 당했습니다. 오스만 제국의 지배자인 술탄 하미드는 이때 대량 학살을 명령했지요. 1894년부터 1896년까지 무려 10~30만여 명의 아르메니아인들이 목숨을 잃어야 했습니다.

하지만 오스만 제국의 탄압은 그 뒤로도 계속되었습니다. 그것도 점점 더 심해졌지요. 왜냐하면 아르메니아인이 오스만 제국에 대항해 반란을 일으켰기 때문입니다. 게다가 유럽이 제1차 세계 대전의 끔찍한 격랑으로 들어가면서 아르메니아인의 고통은 다른 나라 사람들에게 더는 관심사가 되지 못하고 잊혀 갔습니다.

아르메니아 제노사이드

1914년에 시작된 제1차 세계 대전 때 오스만 제국은 독일과 오스트리아-헝가리 편에 서서 참전했습니다. 반대편은 영국, 프랑스, 러시아 제국이 참가한 **연합군**이었지요. 오스만 제국 지도자들은 아르메니아 군인들을 전쟁에 파병하려고 했지만, 오스만 제국으로부터 독립을 갈망하던 아르메니아인들은 저항했습니다. 분노한 오스만 제국은 아르메니아인들이 적국인 러시아를 돕는다고 의심하기 시작했지요. 1915년 2월, 오스만 제국은 아르메니아 군대의 모든 무기를 회수하고 군인들을 노동자로 만들어 버렸습니다. 그리고 살인적인 환경 속에서 건물을 짓고 도로를 놓는 일을 시켰지요. 4만여 명이 이 일에 투입되었는데 극심한 더위와 최악의 노동 환경으로 인해 살아남은 사람이 거의 없을 정도였습니다. 그나마 몇 안 되는 생존자들마저 총살당하고 말았지요.

1915년 4월, 오스만 제국은 4천여 명의 아르메니아 군인들이 필요하다고 요구했습니다. 아르메니아인들이 이 요구를 거절하고 반란을 일으키면서 아르메니아와 오스만 제국의 싸움이 시작되었습니다. 이러한 충돌이 더 잦아지면서 오스만 제국의 지배자들은 외국과의 전쟁에서 이기기 위해서는 내부에서 아르메니아인이 일으킬 수도 있는 반란의 싹을 먼저 제거할 필요성을 느꼈습니다. 오스만 제국이 벌이는 전쟁에 걸림돌이 되지 않게 말이지요. 그래서 오스만 제국의 지휘부는 아르메니아인을 몰살하기로 결정했어요. 그리고 결국 아르메니아에 대한 제노사이드가 단행되었습니다.

첫 번째 단계는 아르메니아 지도자를 제거하는 것이었습니다. 1915년

┃ 미국 대사 모건소의 리포트에 실린 아르메니아 제노사이드 희생자들의 사진

4월 24일, 수많은 사람들이 희생된 붉은 일요일. 그날 오후 늦게 오스만 제국의 수도 콘스탄티노플에 있는 아르메니아 지도자들이 체포되어 강제 이송되었지요. 그리고 그들은 모두 처형되었습니다. 그 뒤 오스만 제국은 반란을 일으킬 수 있는 아르메니아 성인 남자와 청소년을 불러 모은 뒤 총살시켰습니다. 마을에 있는 교사, 예술가, 작가 들이 소리 소문도 없이 사라졌지요. 심지어 오스만 제국 사람이면 누구나 비무장 상태의 아르메니아인들을 폭행해도 무방하였지요. 오스만 제국 주재 미국 대사인 헨리 모건소는 후에 이렇게 썼습니다.

　"아르메니아인들은 5~6시간 동안 어디론가 끌려갔습니다. 오스만 제국 농부들이 곤봉, 망치, 도끼, 낫, 삽, 톱 따위를 가지고 아르메니아인들을 내려쳤습니다. 그 도구들은 총이나 칼보다 더 고통스러웠습니다."

죽음의 행진

다른 제노사이드에서 그랬듯이, 아르메니아에 대한 오스만 제국의 제노사이드에서도 추방은 중요한 전략이었습니다. 미국 남동쪽에 살던 원주민들은 그나마 미시시피 강 서쪽에 있는 '원주민 보호 구역'이라는 추방지가 있었지만, 아르메니아인은 갈 곳도 없었지요. 게다가 오스만 제국은 아르메니아인들에게 지금 사는 곳에서 전쟁이 일어날 수 있으니, 다른 곳으로 대피해야 한다고 거짓 선동까지 했어요. 그래서 아르메니아인들은 산을 넘고 험한 길을 100여 킬로미터나 걸어가 시리아에 있는 데이르에즈조르 사막을 통과했습니다. 많은 이들이 탈진이나 배고픔, 병으

▎아르메니아인들이 죽을 때까지 걸어가야 했던 죽음의 행진 장면.

로 죽어 갔지요. 살아 있는 이들은 두들겨 맞거나, 벌거벗은 채 물도 없이 뜨거운 사막의 태양 아래를 걸어가야 했습니다. 호수에 빠져 죽는 사람도 있었고, 총살을 당하거나 교수형 또는 화형을 당하는 사람이 속출했습니다.

전쟁 초기에는, 약 200만 명의 아르메니아인들이 오스만 제국에 살았습니다. 하지만 1918년 제1차 세계 대전이 끝났을 때에는 제노사이드로 아르메니아인 100만 명이 살해당했고, 최소 50만 명이 추방되거나 탈출한 것으로 보고되었지요. 오스만 제국은 단지 아르메니아 사람뿐만 아니라, 아르메니아인의 기억까지 파괴하려고 했습니다. 아르메니아 교회를 부수고, 예술 작품, 문서, 도서관을 없앴어요. 하루아침에 3천여 년이 된 아르메니아의 문화는 돌무더기로 변해 버렸고, 오스만 제국은 마치 아르메니아가 처음부터 지구 상에 존재하지 않았던 것처럼 만들어 버렸습니다.

조셉 카라잔은 아르메니아 제노사이드가 일어났을 때 어린아이였습니다. 조셉 카라잔은 어린 시절을 이렇게 기억했습니다.

"엄마가 제 손을 잡고 있었어요. 우리는 쫓겨나는 중이었죠. 우리는 걷고 또 걸었어요. 한 시간도 안 되어 뜨거운 태양 아래에서 시체가 썩고 있는 것을 보았어요. 너무 무서웠어요. 고약한 악취를 막으려고 코를 감싸 쥐고, 시체를 보지 않으려고 눈을 감았어요."

세계의 반응
아르메니아인이 박해받고 있다는 사실은 세상 모두가 알고 있었습니다. 〈뉴욕타임스〉는 1915년 12월 15일에 "수백만 아르메니아인들이 살해되거나 추방되었다. 이것은 몰살 정책이었다."라는 뉴스를 머리기사로 보도했습니다. 다른 나라의 신문들도 아르메니아에 대한 탄압 기사를 똑같이 실었고, 사람들은 신문에 게재된 사진을 통해 아르메니아에서 벌어진 잔혹 행위를 보았지요. 당시 발명된 사진기로 인해, 아르메니아 제노사이드는 사진 증거와 함께 기록된 역사상 첫 번째 제노사이드가 되었습니다. 하지만 오늘날 터키(옛 오스만 제국)에서는 제노사이드가 일어났다는 사실을 계속 부인하거나, 아르메니아인 추방이 전쟁 중 터키의 안전을 도모하기 위한 불가피한 선택이었다고 주장하는 사람들이 많습니다.

전쟁이 끝난 후, 미국과 영국은 제노사이드를 행한 오스만 제국의 책임자들을 법정에 세우려는 움직임을 보였습니다. 하지만 오스만 제국의 책임자들은 대부분 독일로 도망쳤습니다. 재판이 열리고, 유죄가 선고되었지만, 범죄자들은 잡히지 않았고, 벌을 받지도 않았습니다.

제노사이드에 대해 분노를 느낀 연합국은 살아남은 아르메니아인들을 도와줄 방법을 논의했습니다. 이러한 논의는 국제사회가 제노사이드에 대해 반응한 첫 번째 사례지요. 하지만 불행히도 이러한 논의들이 아르메니아에 실질적인 도움을 주지는 못했습니다.

- 아르메니아 제노사이드는 사진과 함께 기록된 역사상 첫 제노사이드
  다. 1915년 2월, 오스만 제국은 모든 아르메니아 군대의 무기를 빼앗고
  군인들을 노동자로 만들었다. 그리고 살인적인 환경 속에서 건물을 짓
  고 도로를 만드는 일을 시켰다. 4만여 명이 이 일에 투입되었는데 극심
  한 더위와 최악의 노동 환경으로 인해 살아남은 사람이 거의 없을 정도
  였다.
- 오스만 제국은 단지 아르메니아 사람뿐만이 아니라, 아르메니아인의
  기억까지 지우려고 했다. 오스만 제국은 아르메니아를 처음부터 지구
  상에 존재하지 않았던 것처럼 만들어버렸다.

홀로코스트, 유대인 대학살

1941년 9월, 히틀러는 독일에서 유대인을 말살하기 시작했습니다. 프로파간다를 통해 독일인의 의식에서 유대인을 제거한 몇 년 뒤, 현실에서 유대인 말살 작업을 진행한 것입니다. 나치는 수많은 유대인을 한곳에 집결시킨 다음, 강제 수용소로 이동시켰습니다.

사람들은 아르메니아에서 일어난 제노사이드로부터 분명 무엇인가를 배웠을 것으로 생각했습니다. 하지만 이러한 역사적 교훈은 금방 잊히고 말았습니다. 아르메니아 제노사이드로부터 불과 10년 뒤에 독일에서 엄청난 제노사이드가 다시 한 번 자행되었습니다. 이번 희생자는 누구였을까요? 주로 유대인들이었지만, 이들 외에 동성애자 등 사회의 소수 집단도 제노사이드의 대상이 되었습니다. 인간의 잔인함이 극도로 적나라하게 표출된 홀로코스트로 인해 유럽 지도에서 유대인들의 자취는 거의 사라지고 말았지요. 유대인에게 이 시기는 '재앙', '대파괴'라는 뜻을 가진 하쇼아 혹은 쇼아라고 일컬어집니다. 영어로는 '불에 의한 파괴'라는 의미와 비슷한 '홀로코스트'라고 부릅니다.

히틀러의 등장

1920년대 후반 아돌프 히틀러와 나치당은 독일에서 큰 세력을 얻었습니다. 히틀러는 독일 사회에 사는 '외계인들'을 없애 버려야 한다고 연설했는데, 당시 독일인한테 많은 지지를 이끌어냈지요. '외계인들'이란 집

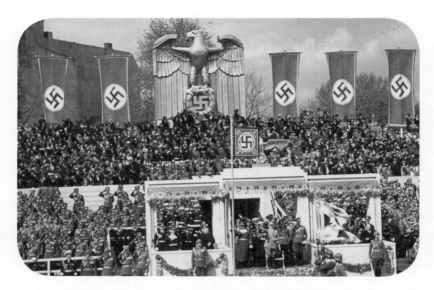

권력을 손에 넣은 아돌프 히틀러는 독일 사람들에게 유대인과 동성애자 등 소수 집단이 독일 사회의 공공의 적이라는 생각을 불어넣었다.

시, 자유주의 정치 세력, 동성애자, 육체적·정신적으로 결함이 있는 사람들 그리고 유대인들이라고 지목했습니다. 히틀러는 1933년에 권력을 잡았습니다. 히틀러는 독일을 순수한 단일 혈통 '**아리안**'의 땅으로 만들어야 한다고 주장했지요. 아리안 혈통의 순수성을 지키기 위해 다른 '외계인들'은 어쩔 수 없이 제거할 수밖에 없다고 주장하며, 점차 제노사이드를 위한 사회 분위기를 만들었습니다. 한 나라나 사회에서 "저들은 우리와 다르다."라는 생각을 믿는 순간 제노사이드는 시작됩니다.

히틀러가 독일의 수상이 된 직후 나치는 '외계인' 집단의 권리를 제한

하는 뉘른베르크 법을 만들었습니다. 이 법에 따라 유전적 결함을 가졌다고 판단되는 사람에게는 불임 시술이 강제로 시행되었지요. 불임 시술을 하면, 그 여성은 영원히 아이를 가질 수 없습니다. 나치는 다음 세대를 이어 갈 유대인의 후손을 태어나기도 전에 죽였던 거예요.

사회로부터 유대인 격리

1935년 9월, 나치는 독일 사회에서 유대인을 공식적으로 격리하는 뉘른베르크 법을 통과시켰습니다. 이 법에 따르면 유대인은 독일인과 결혼은 물론 어떠한 성적 관계도 가질 수 없습니다. 1938년에는 **반(反)유대주의** 법이 통과되어, 유대인은 어떤 사업체도 소유하는 것이 금지되었지요. 또한 유대인은 별도의 등록증을 발급받아야 했습니다. 유대인 의사는 진료할 수 없었고, 유대인은 변호사가 될 수도 없었지요.

뉘른베르크 법과 반유대주의 법은 제노사이드를 실행하기 위한 전형적인 전 단계였습니다. 두 법이 통과된 뒤 얼마 지나지 않아 유대인에 대한 노골적인 폭력이 가해졌습니다. 1938년 11월 9일, 독일인들이 거리로 쏟아져 나와 유대인이 운영하는 가게를 부수고, 집과 사원을 불태우고, 유대인을 폭행하고 살해했습니다. 당시 깨진 유대인 상점의 진열대 유리창 파편들이 반짝거리며 온 거리를 덮었다고 해서 이날을 '수정의 밤(크리스탈나흐트)'이라고 부릅니다. 유대인 박해가 공개적으로 이루어진 야만적인 순간이었습니다.

1930년대 독일의 유대인들은 과거 십자군 전쟁과 스페인 종교 재판 때와 비슷한 고통을 겪었다. 사회에 재앙이 닥치거나 나쁜 일이 일어날 때마다 유대인은 그것의 진원지인 양 비난을 받는 희생양이 되었다. 유대교는 다른 종교와 율법도 다르고, 금지하는 음식도 다르다. 이 때문에 유대교를 믿지 않는 사람들에게 유대인의 남다른 삶의 모습은 종종 두려움으로 다가갔다. 그 결과 설명하기 힘든 재난이 사회를 강타하면, 유대인이 그 비난을 덮어쓰는 대상, 즉 희생양이 되었다. 전염병이 발생하면 유대인이 우물에 독을 풀었다는 의심을 받았고, 아이가 사라지면 유대인이 납치한 것이라고 비난받았다. 1930년대 많은 유대인이 은행에서 일하거나 금융 관련 일에 종사했는데, 이 때문에 독일 등 많은 나라에서 세계 대전의 후유증으로 닥친 경제 불황의 잘못을 오롯이 유대인이 뒤집어쓰게 되었다. 제노사이드에서는 특정 종교 집단이나 특정한 민족이 희생양이 된다. 가해자들은 희생자들의 잘못이 아닌 데에도 그들을 비난할 만한 이유를 조작해 낸다.

제2차 세계 대전의 시작

1939년 9월 독일이 폴란드를 침략함으로써 제2차 세계 대전이 시작되었고, 동유럽에 있는 유대인의 삶은 극도의 혼란 속으로 빠져들었습니다. 히틀러는 이탈리아와 유럽의 다른 몇몇 국가와 함께 **추축국**을 만들어 전쟁에 참가했지요. 추축국은 다른 나라를 침입했고, 유럽의 950만여 명의 유대인이 히틀러의 권력 아래 놓였습니다.

프로파간다(PROPAGANDA)

히틀러는 유대인을 없애기 위해서는 독일 국민의 지지가 필요했다. 일반 국민이 반대하면 그의 계획은 실현할 수 없기에 히틀러는 독일인이 유대인을 미워할 수밖에 없도록 만들었다.

나치는 신문과 방송 등 미디어를 장악하고 유대인에 대한 왜곡된 사실을 전파하고, 노골적인 거짓말을 만들어 냈다. 이런 미디어 메시지 조작을 **프로파간다**(정치적 선전 선동)라고 한다. 신문 기사, 포스터, 책, 영화를 통해 나치는 유대인을 탐욕스럽고, 돈만 밝히는 괴물로 묘사했다. 나치는 독일 사람들에게 유대인이 열등한 민족이며, 신체적으로도 결함이 있다고 주장했다. 그에 반해 나치는 아리안족이 매우 우월한 인종이라고 선전했다.

심지어 어린아이들 책에도 유대인의 모습을 매부리코, 커다란 귀, 더러운 수염 등으로 혐오스럽게 그려 놓았다. 독일 어린이 책《유대인의 신은 돈이에요》에서는 엄마가 다음과 같은 노래를 들려준다.

"얘야, 이걸 알아야 해…… 유대인은 우리 같은 사람이 아니란다. 유대인은 악마야…… 유대인의 신은 돈이지. 돈을 얻기 위해서라면 무슨 짓이든 다하지…… 이 돈으로 우리를 노예로 만들고, 없애 버리려고 하지."

독일 책에 묘사된 유대인 모습이다.
유대인이 탐욕스럽게 표현되어 있다.

| 이 지도는 독일이 1939년부터 1942년까지 침략한 나라를 보여 준다.

    1930년대 나치는 죄인을 수용할 강제 수용소를 독일 여기저기에 지었습니다. 2차 세계 대전이 진행되면서, 나치는 자신들이 점령한 나라에도 강제 수용소를 마구 설치하기 시작했습니다. 1945년까지 유럽 전역에서 나치가 운영한 강제 수용소가 무려 15,000여 개나 된다는 이야기도 있었습니다.

    1941년 9월, 히틀러는 독일에서 유대인을 말살하기 시작했습니다. 프로파간다를 통해 독일인의 의식에서 유대인을 제거한 몇 년 뒤, 현실에서 유대인 말살 작업을 진행한 것입니다. 나치는 수많은 유대인을 한곳에 집결시킨 다음, 강제 수용소로 이동시켰습니다. 또한 많은 유대인들

▌ 유대인은 나치군에 의해 자신의 집에서 강제로 쫓겨났다.

이 도시의 제한 지역인 '게토'로 보내졌습니다. 유대인들은 게토라는 끔찍한 환경에서 살아가야 했지요. 폴란드의 바르샤바는 40만여 명의 유대인이 살아가는 거대한 게토 지역이었습니다. 게토에 있는 유대인이나 포로수용소에 있는 유대인 가릴 것 없이 모두 끔찍한 처우를 받았습니다. 식량은 부족했고, 공간은 비좁아 전염병이 만연하고, 거대한 죽음의 그림자가 여기저기 스며들었습니다.

독일군은 자신들이 진군하며 통과하는 유럽 여러 나라의 유대인을 잔인하게 다루었습니다. 독일이 점령한 **소련**에서는 '**처형 부대**'라고 부르던 나치군이 유대인 지역을 침략한 다음, 유대인을 체포하여 남자와 여자를 따로 격리시켰습니다. 신체가 튼튼한 남자들은 강제 수용소로 보냈습니다. 힘이 없는 여자와 어린아이, 노인들은 마을 밖으로 데려가 옷을 벗긴 다음 무차별 처형했습니다. 나치군은 유대인들을 구덩이 옆에 줄을 세운 다음, 총을 쏘아 시체가 구덩이로 떨어지게 했습니다. 심지어 총살하기 전에 유대인에게 스스로 자신들의 무덤인 구덩이를 파게 시키기까지 했습니다.

나치의 많은 희생자들

나치의 희생자들은 대부분 유대인들이었지만, 유대인만 희생된 것은 아니었습니다. 홀로코스트가 진행되는 동안 나치가 판단하기에 신체장애나 심신장애를 가진 것처럼 정신이 미약하거나 불완전하다고 생각되는 사람 수백만여 명을 처형했습니다. 독일과 동유럽에 흩어져 살던 집시도 희생당했지요. 나치는 자신들과 다른 정치적 생각을 가진 것으로 판단되는 지식인과 **공산주의자**들도 모두 박해의 대상으로 삼았습니다. 또한, 폴란드와 소련을 비롯하여 독일이 점령한 나라의 주민과 군인도 무수하게 재판도 없이 총살시켰습니다. 600만여 명의 유대인을 포함하여 1,700만여 명이 나치의 손에 살해당했습니다. 이 중에서도 나치가 가장 중점적으로 미워한 집단, 완전히 절멸시키고자 한 대상은 바로 유대인이었습니다.

죽음의 수용소

나치는 수많은 사람을 한 사람 한 사람, 얼굴을 맞대고 죽이는 일은

비효율적이며, 군인들도 괴로울 것으로 판단했습니다. 그래서 사람을 더 빨리 더 많이 손쉽게 죽일 수 있는 새로운 방법을 연구했습니다. 그리고 마침내 많은 사람을 죽일 수 있는 시스템인 **죽음의 수용소**를 건립할 수 있었지요.

죽음의 수용소는 유대인을 멸족시키기 위해 나치가 만든 '최종 해결 방안'이었습니다. 나치는 폴란드 아우슈비츠에 첫 번째 죽음의 수용소를 설립할 계획을 세웠습니다. 그리고 1940년 초에 건물을 짓기 시작하여 1941년 9월에 완공했습니다. 나치는 아우슈비츠에서 치클론 B라는 치명적인 독가스를 개발해 사용했는데, 이 가스를 마시면 거의 모든 사람이 즉사하지요.

대량으로 신속하게 사람을 죽이는 방법을 개발했다는 점에서 나치의

▌ 아래의 표는 죽음의 수용소에서 죽은 희생자 수를 보여 준다. (단위 : 명)

장소 (국가)	희생자 수
아우슈비츠–비르케나우 (폴란드)	1,100,000
트레블링카 (폴란드)	870,000
벨제크 (폴란드)	434,000
바르샤바 (폴란드)	200,000
소비보르 (폴란드)	167,000
헬름노 (폴란드)	152,000
소지미체 (세르비아)	100,000
야세노바츠 (크로아티아)	80,000
말리 트로스테네츠 (벨로루시)	65,000
마이다네크 (폴란드)	47,000

아우슈비츠-비르케나우

1942년 9월, 마침내 나치가 폴란드에 만든 가장 크고, 가장 현대적인 수용소인 아우슈비츠에서 대량 학살이 시작되었다. 아우슈비츠는 여러 수용소는 물론이고 강제 수용소인 비르케나우와도 긴밀히 연결되었다.

아우슈비츠는 다른 죽음의 수용소와 비슷하게 운영되었다. 유대인은 기차로 수용소까지 이송되었다. 수용소에 도착하면 총을 든 군인들이 유대인들을 기차에서 강제로 내리게 한 다음, 그 즉시 일할 수 있는 사람과 그렇지 않은 사람들로 분리했다. 일할 수 없는 사람들, 즉 여자나 어린아이, 노인들은 샤워실로 보내졌다. 샤워실로 들어가기 전에 사람들은 모두 옷을 벗어야 했고, 가짜 샤워기가 달린 커다란 방으로 이동했다. 방으로 들어가면 문이 잠기고 지붕에 있던 군인이 독가스인 치클론 B를 방으로 내보냈다.

몇 분 지나지 않아, 방에 들어간 사람은 모두 시체가 되었다. 그러면 다른 유대인들이 들어와 희생자들을 거대한 화장터로 옮겼다.

기차에 실려 아우슈비츠로 끌려온 수많은 유대인들의 모습

집중탐구 **스탈린**

제2차 세계 대전 동안 영국, 미국, 프랑스는 소비에트 연방 즉 소련과 동유럽의 공산 국가들과 동맹을 맺었다. 그러나 소련은 불편한 동맹국이 었다. 소련의 지도자인 조제프 스탈린은 히틀러 못지않게 소련 주민들을 잔인하게 다루었다. 소련은 이웃 나라인 우크라이나와 오랫동안 분쟁 관계였는데, 스탈린은 우크라이나 사람을 모두 굶겨 죽임으로써 분쟁을 해결하려고 했다. 우크라이나 홀로도모르('굶어 죽음'을 뜻함)의 진실은 10년 동안 알려지지 않았지만, 6~700만 명의 우크라이나 사람이 1932~3년 기간에 굶어 죽었다. 스탈린이 우크라이나에 식량을 공급하지 않았기 때문이다. 스탈린은 통치 기간 동안 소련 안팎에 있는 많은 정치적 적들을 대량으로 살상하라는 명령을 내리곤 했다.

홀로코스트는 다른 제노사이드와는 차이가 있습니다. 아르메니아 제노사이드의 경우, 오스만 제국은 아르메니아 사람들을 죽음의 행진이라는 아주 길고 고통스러운 과정을 통해 죽음에 이르게 했습니다. 하지만 나치는 더 많은 사람을 좀 더 빨리 처단하기를 바랐던 것입니다.

나치는 수감자들이 바로 수용소로 이송될 수 있도록 죽음의 수용소를 철로 주변에 세웠습니다. 이러한 죽음의 수용소는 1942년부터 제2차 세계 대전이 끝나는 1945년까지 운영되었습니다.

제2차 세계 대전이 일어났을 때, 10대 소녀 크리스티나 M은 독일 뮌헨 근처에서 살았다. 어느 날 크리스티나 M은 치즈를 사러 갔다가 집으로 돌아오는 길에, 강제 수용소에 있는 한 무리의 수감자들과 맞닥뜨렸다.

"맙소사, 모두 해골이었어요, 해골! 해골에 박힌 퀭한 눈을 잊을 수가 없어요. 뼈만 남은 얼굴이라 눈이 3배는 더 커 보였어요. 뼈만 앙상한 손. 모든 수감자가 힘없이 벽에 기대 있었는데, 제대로 걷지도 못했어요. 저는 그 사람들에게 다가갔지요. 그러고는 가방에서 먹을 것을 꺼냈어요. 수감자들은 있는 힘을 다해 비틀비틀 저에게 왔어요. 그러고는 저를 바라보았어요. 저는 수감자들에게 치즈를 주었어요. 그때, 나치 군인이 커다란 독일 셰퍼드를 데리고 오더니, 저를 보며 소리를 질렀어요. '하나만 더 주면, 너도 저 사람들처럼 여기 가둬 버릴 거야.' 그 말을 듣자마자, 저는 공포에 질려 도망쳤어요."

죽음의 수용소 생존자들에 대한 사진과 영화를 본 세계는 큰 충격을 받았다.

목격자와 방관자들

만약 내가 살아가고 있는 우리나라 정부가 나치와 같은 범죄를 저지른다면 어떻게 행동할 것인지 한번 진지하게 고민해 보아야 합니다. 나치의 프로파간다 때문에 상당수의 독일 국민들은 유대인이 독일이 점령한 새로운 땅으로 이동하는 것이라고 믿었고, 심지어 유대인은 제거되어야 할 대상이라고 굳게 믿었습니다.

그럼에도 많은 사람들이 나치에 저항했습니다. 덴마크에서는 나치에 반대하는 움직임이 있었고, 8,000여 명의 유대인을 안전하게 스웨덴으로 보냈습니다. 나치에 저항한 프랑스의 샹봉 마을 사람들은 5,000여 명

생각해 보기

제노사이드는 아무도 모르게 조용히 진행될 수 없다. 사람들은 자신들이 사는 세상에서 벌어지는 제노사이드를 직접적이든, 간접적이든 눈으로 보고, 귀로 듣는다. 제노사이드가 벌어지는 상황에서 사람들은 다음과 같은 세 가지 중 한 가지를 선택해야 한다.

1. 제노사이드라는 잔혹 행위에 동참할 것인가?
2. 죽음을 각오하고 범죄에 저항할 것인가?
3. 아무것도 하지 않고 방관자가 될 것인가?

위의 세 가지 모두 쉬운 선택은 아니다. 이 글을 읽는 여러분이라면 어떻게 할 것인가? 악의 지배 권력에 대항해 끔찍한 처벌과 죽음을 각오하고 싸울 용기를 낼 것인가?

의 유대인 목숨을 구했습니다. 유럽과 독일에서도 유대인에게 필요한 돈과 식량, 여권, 무기를 몰래 모아 가져다주는 용기를 보여 준 많은 시민들이 있었습니다. 그 가운데에서도 안네 프랑크 이야기가 가장 유명하지요. 미프 히스와 몇몇 네덜란드인은 자신의 목숨이 위태로워진다는 것을 알면서도 안네 프랑크 가족과 몇몇 유대인을 암스테르담의 다락방에 2년 동안 숨겨 준 것입니다.

흔히 그리고 쉽게 독일 시민들이 방관자로 있어서는 안 되었다는 비판을 가합니다. 하지만 그 전에 우리는 종종 죽음의 수용소에서 이루어진 대량 학살이 일반 사람들이 볼 수 없는 곳에서 저질러졌다는 사실을 기억해야 합니다. 죽음의 수용소가 운영되었던 폴란드의 시골 지역 농부들은 아마 수용소 담 너머에서 무슨 일이 벌어지고 있는지 짐작조차 못했을 겁니다. 하지만 그들이 수용소의 비극을 알았더라도 나치의 살육에 대항해 할 수 있는 것은 많지가 않았습니다.

누가 비난받아야 할까?
제노사이드에 참가한 혹은 기여한 모든 사람을 벌주는 것이 가능할까요? 나치의 제노사이드에 참가했던 사람들 가운데 단지 200여 명만이 정식 재판을 받았습니다. 하지만 수천 명의 사람이 나치를 지지하는 행동을 했지요. 국제 사회는 어떻게 하면 제노사이드에 참가한 사람 모두를 처벌할 수 있을지 계속 연구했습니다. 제노사이드를 일으킨 지도자들을 처형하기는 어찌 보면 쉽습니다. 하지만 지도자들의 명령을 따른 추종자와 동조자들에게는 어떤 벌을 줘야 합당할까요?

전 세계의 지도자들은 뉘른베르크 재판과 유엔의 설립을 계기로 더는 제노사이드가 일어나지 않기를 희망했지요. 하지만 이러한 노력에도 예전의 제노사이드의 역사적 교훈이 좀처럼 이어지지는 않는 것 같습니다. 홀로코스트가 일어난 지 얼마 지나지 않아 더 많은 무고한 사람들이 유대인과 비슷한 운명을 만났기 때문입니다.

생각해 보기

죄 없는, 수많은 사람들을 억울한 죽음으로 몰고 가는 엄청난 범죄인 홀로코스트에 대한 단죄가 뉘른베르크 재판만으로 충분할까? 홀로코스트에는 명령을 내린 소수의 지도자만 죄가 있는 게 아니다. 포로수용소와 죽음의 수용소에서 이들을 도운 나치 병졸과 일반 관리인, 평범한 시민 등 수많은 사람들이 참여한 범죄다. 이들도 모두 재판을 받고 사형에 처해져야 되지 않을까? "나는 단지 명령을 따랐을 뿐이고 그 명령을 거역할 권리가 나에게는 없었다."라고 주장하고, 또 그게 사실이라고 해서 그 독일인이 홀로코스트에 대한 책임을 면피할 수 있을까?

뉘른베르크 재판

연합군은 홀로코스트에 대한 진실을 밝혀 정의를 바로 세우겠다고 결정했다. 이에 따라 연합군은 나치 책임자들을 체포했다. 하지만 히틀러와 측근들은 전쟁 막바지에 이미 자살을 했다. 따라서 잔혹한 홀로코스트를 명령한 많은 주요 인물들이 재판을 받을 수 없었다. 1945년 11월 초, 24명의 나치 수뇌부가 재판을 받았다. 이 재판은 재판이 개최된 독일 뉘른베르크의 이름을 따 뉘른베르크 재판이라고 불린다. 영국, 프랑스, 소련, 미국 재판관들이 선출되어 재판을 진행했다.

무장한 병사들이 경호하는 가운데 뉘른베르크 재판에서 나치 수뇌부가 재판을 받고 있다.

이후 1946~8년 미국은 나치를 위해 일한 사람들에게 범죄 책임을 묻기 위해 뉘른베르크에서 추가 재판을 열었다. 유대인과 기타 수감자를 상대로 소름 끼치는 의학 실험을 진행한 의사, 나치가 만든 인종차별법을 지지한 변호사와 재판관, 동유럽을 공포에 떨게 한 잔인한 처형 부대 병사들에 대한 재판이 이 시기에 열렸다. 모두 142명이 유죄 판결을 받았으며, 이 가운데 12명이 사형 판결을 받아 사형이 집행되었다.

재판의 목적은 명확했다. 연합군은 히틀러뿐만 아니라 잔혹한 학살 행위에 연루된 많은 사람들이 홀로코스트에 책임이 있다는 것을 전 세계에 알리고 싶었다. 미친 독재자 히틀러에게 지배당했다는 변명으로 독일이

이 끔찍한 범죄의 책임에서 벗어날 수는 없었다. "나는 명령을 따랐을 뿐입니다."라는 주장을 한다고 해서 그 독일인이 범죄 책임에서 완전히 자유로울 수는 없었다. 뉘른베르크 재판은 제노사이드를 인류가 제어할 수 없거나 막는 것이 불가능한 재앙이 아니라는 것을 전 세계에 보여 주고자 했다. 오히려 제노사이드는 의식적이고, 의도적인 인간 행동의 결과다. 제노사이드라는 끔찍한 범죄는 자신이 그것을 따를 것인지 말 것인지 결정할 능력이 있는 개인들에 의해 이루어진 것이다. 연합군이 가장 우려한 것은 가해자가 비난받지도 않고, 벌을 받지도 않는다면 또 다른 제노사이드가 쉽게 일어날 것이란 점이었다.

뉘른베르크에서 재판을 받은 나치 전범들은 다음과 같다. 히틀러 뒤에서 오랫동안 부사령관을 지낸 헤르만 괴링, 나치 독일의 부총통을 역임했던 인물로 아돌프 히틀러의 부관이었던 루돌프 헤세, 나치당 소속의 독일 법학자 겸 정치가로 유대인 탄압을 위한 뉘른베르크 법을 만든 빌헬름 프리크, 건축가이자 나치를 위해 무기를 만드는 노예 노동을 명령한 군수 장관인 알베르트 슈페어 등이 있다. 재판관들은 이들 나치 24명 가운데 12명에게 교수형을 선고했으며, 3명에게는 무죄를, 7명에게는 실형을 선고했다. 나머지 2명은 자살 또는 병으로 죽었다.

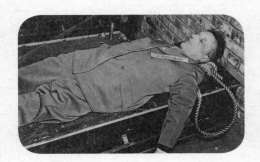

오스트리아 총리로 히틀러를 위해 일한 나치 전범 아르투어 자이스 잉크바르트의 사형 직후 모습.

- 아르메니아 제노사이드로부터 불과 10년 뒤에 독일에서 엄청난 제노사이드가 다시 한 번 일어났다. 대부분 유대인들이 희생되었지만, 이들 외에 동성애자 등 사회의 소수 집단도 대상이 되었다. 인간의 잔인함에 대한 적나라한 사례가 된 홀로코스트로 인해 유럽 지도에서 유대인들의 자취는 거의 사라지고 말았다.
- 홀로코스트의 책임자들은 뉘른베르크 재판에서 유죄 판결을 받았으며, 이 가운데 12명이 사형되었다.

킬링필드,
캄보디아의 슬픈 역사

캄보디아 수도 프놈펜에서 차로 한참을 달리면, 광대한 시골 들판에 2만여 개의 거대한 무덤이 보입니다. 크메르 루주에게 체포된 수감자들은 이 들판으로 이송되어 아주 잔인하게 살해당했습니다. 총알을 아끼기 위해 크메르 루주는 도끼, 철봉, 괭이 등의 무기로 사람들을 죽였어요. 그 뒤 이 사건은 '킬링필드'라고 알려지게 되었지요. 30만 명이 넘는 사람들이 이곳에서 잔혹한 죽음을 맞이했습니다.

제2차 세계 대전에 연합군으로 전쟁에 참가했던 나라들은 전쟁이 끝나자 분열되었습니다. 이념의 문제가 개입되었기 때문이었지요. 소련은 자본주의를 추구하는 동맹국들과 달리 공산주의 이념을 가지고 있었습니다. 공산주의는 자본주의와 경제 철학이 상충하는 부분이 있다 보니, 영국, 미국 등의 동맹국과 사이가 틀어질 수밖에 없었지요. 게다가 1950년대 서구의 국가들은 공산주의가 다른 나라에 전파되는 것을 우려했고, 그 결과 소련과 미국은 '냉전'에 돌입하게 되었습니다. 냉전이란 무기를 들고 직접 싸우는 열전의 반대 의미로, 말 그대로 물리적 충돌 없이 싸우는 전쟁을 뜻해요.

미국은 소련의 공산주의가 다른 나라로 퍼져나가지 못하게 극도로 예민하게 굴었습니다. 그럼에도 아시아의 베트남과 캄보디아에서는 공산주의를 지지하는 세력이 커졌지요. 그래서 미국은 베트남 전쟁(1954~75년)이 일어났을 때, 자본주의 진영인 남베트남이 북베트남을 이길 수 있게 재정적 원조와 함께 군대를 아낌없이 지원해 주었습니다. 그뿐만 아니라 베트남에 이웃해 있는 캄보디아 공산주의 활동 기지에 폭탄을 퍼붓기까지 했지요.

하지만 전쟁이 진행될수록 북베트남의 승리가 확실해졌고, 캄보디아에서 공산주의가 활기를 띠기 시작했습니다. 캄보디아의 공산주의자들은 '크메르 루주'라고 불립니다. 캄보디아어로 '사람'을 뜻하는 크메르와 프랑스어로 '붉은색'을 뜻하는 루주가 합쳐진 말이지요.

크메르 루주의 지도자인 폴 포트는 시골 마을에서 오랜 시간을 보내면서 캄보디아 정부의 정책과 처우에 불만을 가진 농부와 노동자들의 지지를 받게 되었습니다. 그리고 그들의 지지를 바탕으로 폴 포트가 이끄는 크메르 루주는 1975년 4월 17일 수도 프놈펜을 장악했지요.

계급 타파, 인민 학살

공산주의 철학의 핵심은, 사람들을 차별하는 계급이 사라져야 한다는 것입니다. 모든 사람은 누가 더 가지고 덜 가지고 하는 것 없이 똑같이 재산을 가져야 하고, 상류층이 하류층보다 더 많은 것을 소유하는 것은 잘못이라고 주장했지요. 이러한 철학에 따라, 크메르 루주는 시골에서 농사를 짓는 농부들을 이상적인 캄보디아의 시민이라고 믿었습니다. 배운 것도 없고, 가진 것도 없는 닉 물탄(농민)은 살아가는 데 필요한 먹을 것들을 어떻게 키우는지, 추위를 피해 살 집을 어떻게 만드는지 알고 있었습니다. 도시에 사는 사람들은 이와는 정반대였습니다. 고등 교육을 받아 지식이 많은 도시민인 닉 스메이(신인민)는 좋은 직업을 가지고 있으며, 좋은 차와 집, 좋은 옷을 가지고 있었습니다.

폴 포트는 이러한 계급의 차이가 모순이라고 생각하고, 캄보디아의 권력을 장악하자마자 계급의 차이를 무너뜨릴 획기적인 변화를 도입했

이 지도는 1975년 남동 아시아
지역을 보여 준다.

습니다. 바로 '닉 물탄'을 '닉 스메이'로 바꾸는 것이었지요. 폴 포트는 이
작업을 하룻밤 새에 해치웠습니다. 우선 폴 포트는 도시에 사는 캄보디
아 사람들에게 미국 전투기가 폭탄을 떨어뜨릴 것이라는 루머를 퍼트렸
습니다. 공포에 질린 사람들이 도시를 도망쳐 나와 시골로 갔지요. 도시
사람들은 자신들이 추방된 것이란 사실조차 감지하지 못했습니다.

제노사이드 초기 단계에서는 항상 가해자들이 특정 집단의 사람들에
게 '우리와 다른 그들'이라는 딱지를 붙여 사회에서 쫓아내는 현상이 나
타나는 법이죠. 독일 사회는 유대인을 추방하기 전에, 나치는 유대인을
탄압하는 법을 제정했고 프로파간다를 통해 유대인이 일반 사람들하고

는 전혀 다른 종족인 것처럼 세뇌시켰죠. 심지어 사람들이 유대인을 쉽게 알아볼 수 있도록, 유대인에게 가슴에 노란 별 배지를 달고 다니게 했어요. 이 노란 별의 이름은 '다윗의 별'로 유대교를 상징하지요.

캄보디아에서도 '우리와 다른 그들'로 규정짓는 일이 벌어졌습니다. 폴 포트는 모든 사람이 평등한 세상을 꿈꿨습니다. 그래서 그 꿈을 이루기 위해 제일 먼저 계급을 분류하는 작업을 시작했습니다. 그러면서 캄보디아 사회가 여러 계급으로 나누어져 있음을 강조했지요.

한 나라의 정부나 권력자가 특정한 계급을 만들어 내서, 그 계급의 사람들이 가치 없고, 인간 이하의 사람들로 치부하게 되면, 다른 계급의 사람들도 쉽게 그 생각에 동조하게 됩니다. 그러면 제노사이드를 위한 기초 작업이 완성되지요.

폴 포트는 신인민을 이방인으로 만들어 버렸습니다. 그 결과 신인민은 자신이 살던 도시에서 쫓겨나 시골에 있는 수용소로 보내졌지요. 그리고 그곳에서 공산주의자들에게 재교육을 받아야만 했어요. 공산주의자들은 가족 구조가 바뀌어야 한다고 주장했습니다. 아이들은 더는 엄마 아빠라는 호칭을 사용하지 못했어요. 심지어 옷도 다른 사람과 똑같이 입어야만 했습니다. 모든 사람이 평등하다는 걸 보여 주기 위해서 말이지요.

박해

크메르 루주는 농민과 신인민을 하나의 계급으로 만들려는 시도와 함께, 잔인한 방법으로 캄보디아 사회를 개조하는 일에 착수했습니다. 소

▌1978년 9월 무렵 폴 포트의 모습이다.

수자들, 외국인들 그리고 아웃사이더들을 모두 처단한 것입니다. 다른 나라의 사상을 캄보디아로 가져오는 사람들 역시 모두 처형되었지요. '챔'이라고 불리는 소수 민족은 100만 인구의 절반이 살해당해야 했고, 소수 종교를 믿는 사람들, 기독교도와 이슬람교도들 또한 처벌 받거나 추방당했습니다.

캄보디아는 불교 국가로 국민의 90퍼센트가 불교도입니다. 무신론자였던 폴 포트는 권력을 잡은 초창기, 종교를 가진 캄보디아 사람들을 모두 죽이는 것보다 무신론자가 되기를 원했지요. 그래서 폴 포트는 불교도들을 죽이는 대신 불교의 지도자들인 승려들에게 순교를 명령했습니다. 폴 포트의 불교 탄압으로 대략 6만여 명의 캄보디아 승려들이 살해당했다고 역사가들은 추정합니다.

킬링필드

캄보디아 수도 프놈펜에서 차로 한참을 달리면, 광대한 시골 들판에 2만여 개의 거대한 무덤들이 보입니다. 크메르 루주에게 잔인하게 살해된 사람들의 무덤이에요. 크메르 루주는 수감자들을 이 들판으로 이송해 와서는 총알을 아끼기 위해 도끼, 철봉, 괭이 등의 무기로 사람들을 잔인하게 죽였어요. 그 뒤 이 사건은 '킬링필드'로 세계에 알려졌고, 이곳에서 130만 명이 넘는 사람들이 죽음을 맞았다고 합니다.

기아

폴 포트가 자행한 폭압의 마지막 단계는 기아였습니다. 많은 제노사이드에서 집단 굶주림은 흔히 일어나는 일입니다. 한 사회에 제노사이드가 일어날 정도로 사회 근간이 흔들리면 사람들이 살아가는 일상의 삶이 모두 무너집니다. 거기에 식량 공급이 제대로 이루어질 수 없는 상황이 되면, 가난에 허덕이며 살아가던 사람들은 빠른 속도로 굶주림에 직면합니다. 크메르 루주는 식량 부족 문제를 해결하는 데 꼭 필요하고 적절한 정책들을 시행하지 않았지요. 그 결과 캄보디아는 극심한 식량난에 마주하게 되었고, 폴 포트는 캄보디아에 닥친 **기근**을 자신의 적들을 제거하는 데 이용했지요. 음식 배급량을 줄여, 수많은 사람들을 굶주림으로 죽게 했던 것입니다. 캄보디아의 불행은 1979년 베트남이 캄보디아를 침

캄보디아 수도 프놈펜에서 동쪽으로 125킬로미터 떨어진 캄퐁참 지역
킬링필드 기념관에 전시된 희생자들의 유골

략해 폴 포트를 축출함으로써 막을 내렸습니다. 약 170만 명의 사람들이 캄보디아 사태로 목숨을 잃었지요. 캄보디아 인구의 약 25퍼센트에 달하는 사람들이 유명을 달리한 것입니다.

캄보디아에서 일어난 이 끔찍한 사건이 실제 제노사이드에 해당하는지에 대해서는 의견이 역사가들마다 엇갈립니다. 다른 제노사이드와 다르게, 캄보디아 사태에서는 폴 포트가 대상으로 삼은 특정 인종이나 정치 집단이 없었기 때문입니다. 폴 포트는 같은 민족, 같은 국민들 가운데 프놈펜에는 투올 슬렝 박물관이 있다. 이곳은 폴 폴트 정권이 자신들의 적이라고 의심되는 사람들을 심문하고, 고문을 했던 곳으로, 원래는 중학교로 사용되던 건물을 폴 포트 정권이 감옥으로 사용했다. 1975~9년 투올 슬렝을 거쳐 간 사람들은 모두 1만 7,000명이었는데, 겨우 7명만이 살아남았다.

투올 슬렝의 수감자들은 자신들이 기소된 죄를 자백할 때까지 고문을 당했다. 고문에 못 이겨 강요된 죄를 자백하면, 그 순간 감옥에서 도시 밖에 있는 시골 지역으로 이송되어 처형당했다. 투올 슬렝은 무고한 사람들을 잡아 고문을 자행하던 곳 가운데 가장 악명이 높은 지역이었다.

신인민이라 부르던 지식인들이나 도시의 수많은 주민들을 희생양으로 삼았지요. 이 때문에 폴 포트야말로 가장 잔인하고 악마 같은 가해자라고 규정하는 역사가도 있습니다. 캄보디아의 킬링필드 사태에서 폴 포트는 어떤 특정한 적을 목표로 하지 않고 평범한 사람들을 상대로 그 같은 범죄를 저질렀기 때문입니다.

- 크메르 루주에게 체포된 수감자들은 허허벌판으로 이송되어 아주 잔인하게 살육당했다. 그 뒤 이 사건은 '킬링필드'라고 알려지게 되었다. 30만 명이 넘는 사람들이 여기에서 잔혹한 죽음을 맞이했다.
- 캄보디아의 불행은 1979년 베트남이 캄보디아를 침략해 폴 포트를 축출함으로써 막을 내렸다. 약 170만 명의 사람들이 캄보디아 사태로 목숨을 잃었다. 이 수는 캄보디아 인구의 약 25퍼센트에 달한다.

옛 유고슬라비아의
'민족 청소'

20세기에 들어서는 비디오카메라가 등장하고, 인공위성 등의 개발로 통신 기술이 발전하면서 지구촌에서 일어나는 일들을 세상 사람들이 속속들이 알게 되었습니다. 하지만 이러한 '전 세계가 지켜보고 있다'는 사실도 20세기 후반 또 다른 제노사이드의 재발을 막지는 못했습니다.

5

CHAPTER

20세기

에 들어서면서 비디오카메라의 등장, 인공위성 등 통신 기술이 발전하면서 지구 위 어디에서 벌어지는 사건이라도 세상 사람들 모두가 바로 알 수 있는 시대가 되었습니다. 하지만 이러한 '전 세계가 지켜보고 있다'는 사실도 20세기 후반 또 다른 제노사이드의 재발을 막지는 못했습니다.

유고슬라비아의 해체

제2차 세계 대전 이후 유고슬라비아는 사회주의 국가가 되었고 6개의 연방 국가로 구성되었습니다. 세르비아, 크로아티아, 보스니아-헤르체고비나(보스니아라고도 함), 슬로베니아, 몬테네그로, 마케도니아가 바로 그 연방 국가들이지요. 유고슬라비아는 35년 간 요시프 티토의 통치 아래 안정을 유지해 왔습니다. 하지만 1980년 요시프 티토가 죽자 서로 다른 민족 사이에 갈등이 깊어졌지요. 그런 가운데 1991년 구소련의 붕괴와 함께 유럽의 사회주의 국가들이 도미노처럼 무너지는 사태가 벌어졌습니다.

몇몇 나라는 평화적인 정권 이양으로 새로운 민주 정부가 들어섰습니

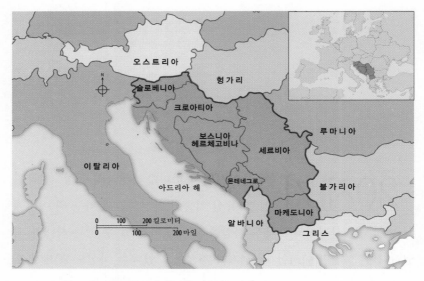

▌ 1990년대 유고슬라비아는 6개의 나라로 해체되었다.

다. 하지만 유고슬라비아 연방 공화국이 해체되는 과정은 순탄하지 못했어요. 1991년 세르비아가 크로아티아를 침공함으로써 4년에 걸친 전쟁이 시작되었고, 그다음 해에는 보스니아의 수도인 사라예보에서 평화 집회가 열렸을 때, 보스니아계 세르비아인이 다른 보스니아인을 공격함으로써 보스니아에도 전쟁이 발발되었지요.

보스니아계 세르비아인은 보스니아 영토 안에 그들만의 나라를 세우기를 원했습니다. 하지만 결코 쉬운 일이 아니었어요. 땅도 좁았고, 무엇보다 보스니아에는 이슬람교를 믿는 보스니아인, 세르비아 정교를 믿는 세르비아인, 가톨릭을 믿는 크로아티아인, 집시, 유대인, 알바니아인 등서로 다른 민족이 함께 살아가고 있었기 때문이지요.

하지만 보스니아계 세르비아인은 그들만의 나라를 세우기 위해 세르비아인이 아닌 사람들, 특히 이슬람교도를 모두 없애 버리기로 결정했습니다. 이렇게 해서 또 한 번의 제노사이드라는 광풍이 몰아쳤습니다. 강제 수용소가 세워지고 수천 명의 무고한 사람들이 그곳에서 고문당하고, 처형당하고, 굶어 죽었습니다.

민족 청소

하지만 보스니아계 세르비아인만 사람들을 죽이고 고문을 한 것이 아니었습니다. 보스니아계 크로아티아인과 이슬람교도들도 자신들의 지역에서 상대적 소수인 보스니아계 세르비아인을 고문하고 살해했어요. 그러나 상대적으로 훨씬 막강한 세르비아 정부군이 지원해 주는 보스니아계 세르비아인이 자행한 잔혹 범죄의 규모가 훨씬 더 컸지요.

보스니아 내전에서는 '민족 청소'라는 신조어가 등장했습니다. '민족 청소'란 어떤 지역에서 특정 민족을 몰아내는 것을 말합니다. 전쟁을 시작한 보스니아계 세르비아인의 목적은 딱 하나였어요. 바로 다른 민족들을 보스니아에서 내쫓고 그들만으로 구성된 나라를 세우는 것이었지요. 그래서 보스니아는 '민족 청소'가 자행되었던 첫 번째 제노사이드의 사례로 생각될 수 있어요. 하지만 역사를 살펴보면 이라크가 쿠르드족을 몰살한 것처럼 이미 민족 청소를 자행한 제노사이드가 벌써 있었어요.

집중탐구 이라크의 민족 청소

많은 권력자들이 자신이 다스리는 나라와 인접한 곳에 사는 다른 민족을 제거하기 위해 민족 청소를 자행했다. 1988년 이라크의 독재자 사담 후세인은 이라크 북쪽에 살고 있는 쿠르드족을 '청소(?)'하기로 결정했다. 사담 후세인은 쿠르드족을 몰살하기 위해 총과 폭탄뿐만이 아니라 화학 무기마저 동원했다. 쿠르드족에 대한 사담 후세인의 공격은 영국, 미국 등 다른 나라의 전쟁 개입으로 이어졌다. 이들 나라는 사담 후세인을 권좌에서 끌어내기 위해 이라크 전쟁에 참전했다.

다른 나라들의 도움

지금까지 일어났던 제노사이드는 외부 세계와 단절된 곳에서 아무도 모르게 일어났습니다. 하지만 보스니아에서 벌어진 학살은 경우가 달랐

집중탐구 오마르스카

  보스니아계 세르비아인은 보스니아에 있는 탄광 마을인 오마르스카에 강제 수용소를 지었다. 그리고 그곳에 수천 명의 이슬람교도와 크로아티아인을 가두었다. 강제 수용소에서 수감자들은 목숨을 부지할 수 있는 최소한의 식량을 먹으며 무자비한 고문을 당하는 끔찍한 환경 속에서 지내야만 했다. 심지어 여자 수감자들은 성폭행을 당했다. 오마르스카 수용소는 보스니아 분쟁에서 가장 악명 높은 강제 수용소로 알려져 있다.

  2001년 유엔 재판소는 강제 수용소에서의 끔찍한 범죄에 대한 책임을 물어 5명의 보스니아계 세르비아인에게 유죄 판결을 내렸다. 유죄 판결을 받은 5명 가운데 4명은 경비대였지만, 나머지 1명은 경비대가 아니라 택시 운전기사였다. 택시 운전기사가 수감자들을 고문하고 모욕하는 것을 즐기기 위해 매일같이 강제 수용소에 드나들었던 것이다.

▌ 굶주림으로 고통받는 오마르스카 강제 수용소의 수감자들

어요. 학살의 규모는 나중에 알려졌지만, 당시에도 끔찍한 학살이 벌어지고 있다는 사실을 세계 지도자들이 다 인지하고 있었지요. 하지만 보스니아 학살에 대한 국제 사회의 대처는 미약했습니다. 미국이나 소련 등 세계 초강대국들은 그동안 자신의 이익이 달린 분쟁 지역에 군대를 급파해 도와주었던 것과는 달리, 보스니아에는 전혀 개입을 하지 않았어요. 그 결과 보스니아에서는 학살이 계속 진행되었지요.

보스니아에서 학살이 멈출 기미를 보이지 않자, 나토(NATO)는 세르비아군에 공습을 단행하여 학살을 종결시켰습니다. 유엔도 무고한 사람들을 보호하기 위해 보스니아에 '평화 유지군'을 보냈습니다. 평화 유지군은 전쟁에 직접 참여하지 않고, 분쟁 지역에서 무고한 사람들이 전쟁으로 인해 희생되지 않도록 하는 일을 합니다. 그래서 한쪽 편에 서지 않고, 중립적 입장을 취해야 하지요. 그렇다 보니 평화 유지군이 자신의 일을 제대로 수행하기가 쉽지 않았고, 결국 여러 가지 이유로 보스니아에서 자신들의 역할과 임무를 제대로 수행하지 못했답니다.

알아두기

나토(NATO, North Atlantic Treaty Organization)는 서유럽의 여러 국가와 미국 및 캐나다 사이에 체결된 북대서양조약에 따라 설립되었다. 아메리카와 서유럽을 연결하는 집단 안전 보장 기구로 1949년 4월 4일 출범했다.

스레브레니차

스레브레니차에서 일어난 학살에서도 유엔의 한계가 극명하게 나타 났습니다. 보스니아 전역에서 학살이 자행되자, 이슬람교도를 비롯한 수 많은 시민들이 고향을 떠나 안전하다고 생각된 스레브레니차로 건너갔 습니다. 당시 스레브레니차는 보스니아계 세르비아인의 지배에서 벗어 나 있었거든요. 스레브레니차 거리는 고향을 떠나온 수만 명의 피란민으 로 북새통을 이루었어요.

유엔은 1993년 스레브레니차로 온 피란민을 보호하기 위하여 850명 의 평화 유지군을 파병했습니다. 그리고 스레브레니차는 안전이 보장된 지역이며, 피란민들은 그곳에서 평화롭게 지낼 수 있을 것이라고 선언했 지요. 그러나 분쟁이 거듭되면서 유엔 평화 유지군이 피란민을 제대로 보호하지 못하고 있다는 비판이 커져 갔습니다. 그도 그럴 것이 1995년 에는 유엔 평화 유지군의 수가 450명으로 줄었으며, 유엔 평화 유지군에 게 지급되는 무기와 기타 보급품도 턱없이 부족했거든요. 그 사이 보스 니아계 세르비아군은 스레브레니차로 돌진하여 1995년 7월 스레브레니 차를 점령했습니다.

그 뒤, 보스니아계 세르비안군은 제2차 세계 대전 이래 유럽에서 단 일 규모로는 가장 큰 대량 학살을 자행했습니다. 수많은 여성과 어린아 이, 노인들이 보스니아계 세르비아군에 포위되어 살해당했어요. 하지만 보스니아계 세르비아군의 주된 목표는 보스니아 남자와 10대 소년들이 었습니다. 나중이라도 보스니아 장정들이 군대를 만들어 보스니아계 세 르비아인에게 대항하지 못하도록 아예 그 싹을 잘라 버릴 의도였지요.

보스니아계 세르비아군은 사람들을 어디에서 살해할 것이며, 시체는 어떻게 처리할지 등등 학살에 대한 구체적인 계획을 마련했어요. 그리고 7월 13일 날이 밝자, 보스니아계 세르비아군은 보스니아 남자들을 트럭에 태워 처형 장소로 옮긴 뒤, 집단 총살을 단행했습니다. 일주일 만에 8,000여 명의 보스니아 성인 남자와 소년들의 목숨이 형장의 이슬이 되었지요.

전쟁의 결말과 그 이후

스레브레니차 대량 학살은 너무나도 끔찍했기 때문에 세계 여러 나라들이 분쟁을 끝내기 위해 적극적으로 나섰습니다. 미국이 지원하는 나토 공군은 1995년 8월 보스니아계 세르비아군에 대한 공습을 시작했습니다. 크로아티아 및 이슬람군과 연합한 나토군은 보스니아계 세르비아군을 국경 지역으로 밀어냈습니다.

그리고 두 달 뒤, 미국과 러시아가 세르비아, 크로아티아, 보스니아 지도자들을 미국 오하이오 주 데이턴에 모이게 했습니다. 평화 협정을 맺게 하기 위해서였지요. 협정은 오랜 난항 끝에 1995년 12월 14일 파리에서 체결되었지요. 이 협정은 처음 열린 도시의 이름을 따서 '데이턴 평화 협정'이라고 불러요.

그로부터 7년 후, 평화 조약에 서명했던 세르비아 대통령 슬로보단 밀로세비치는 유엔 전범 재판에 회부되었습니다. 인권 침해와 세르비아 학살을 저지른 행위로 재판에서 전범으로 처벌받게 되었지요. 당시 밀로세비치는 코소보 전쟁에도 관여되어 있었습니다.

　론 하비브는 사진작가로, 세르비아군이 보스니아로 진군하는 동안 세르비아 군대로부터 사진 찍는 것을 허락받았다. 론 하비스는 당시 경험했던 일을 다음과 같이 증언했다.

　"세르비아 군인들이 어떤 남자를 데려왔다. 팔을 머리 위로 들어 올린 채로 끌려가던 남자는 간절한 눈빛으로 나를 쳐다보았다. 마치 내게 제발 자신을 구해달라고 말하는 것 같았다. 그러나 불행하게도 나는 할 수 있는 것이 아무것도 없었다. 군인들은 그 남자를 2층에 있는 본부 건물 안으로 데려갔다. 곧이어 나는 아주 크게 부서지는 소리를 들었다. 위를 쳐다보니 그 남자가 2층 창문을 깨고 뛰어내려 내 발 앞에 떨어진 것이었다. 놀랍게도 남자는 죽지 않고 살아 있었다. 군인들이 다가오더니 남자를 발로 차고 때리기 시작했다. 그리고 남자를 다시 건물 안으로 끌고 들어갔다. 순간 나는 이것이 이 범죄의 증거, 지금 무슨 일이 벌어지는 것을 보여줄 수 있는 기록물이 될 수 있다고 확신했다. 나는 사진을 찍을 용기를 냈다. 사진을 찍으면서 내 몸은 떨렸다. 모든 것이 위험한 상황에서는, 사진을 찍는 일이 더 위험한 일을 야기할 수 있기 때문이다. 그러나 나는 사진을 찍는 행위가 여기에서 벌어진 일을 세계에 알릴 수 있는 유일하고 중요한 작업이라고 생각했다.

▌ 론 하비브는 전 세계에서 벌어지는 분쟁을 사진으로 찍어 세계 보도 사진전에서 상을 받았다.

스레브레니차 대학살은 유엔이 공식적으로 자인한 제2차 세계 대전 이후에 유럽에서 발생한 유일한 제노사이드였습니다. 학살의 잔인성이 알려지면서 학살을 주도했던 보스니아계 세르비아인뿐만 아니라, 이에 맞서 비슷한 학살을 벌였던 보스니아계 지도자들도 재판을 받았습니다.

밀로셰비치에 대한 재판은 2006년까지 계속되었어요. 하지만 밀로셰비치는 판결이 선고되기도 전에 심장마비로 감옥에서 비명횡사했지요. 유엔 재판소는 전쟁 범죄에 대한 책임을 묻게 하기 위해서 전쟁 범죄자들을 계속해서 추적해 나갔어요.

2008년 7월, 몇 년간 신분을 속이고 숨어 지내던 라도반 카라지치가

▌ 2002년 재판을 받는 슬로보단 밀로셰비치

체포되었습니다. 카라지치는 스레브레니차의 대량 학살을 주도한 정치인이었어요. 카라지치는 보스니아 내전 당시 보스니아계 세르비아 정치 지도자였지요. 대량 학살, 전쟁 범죄, 인권 침해 범죄 등으로 기소된 카라지치에게는 종신형이 구형되었습니다.

스레브레니차 대량 학살에 책임을 져야 할 또 다른 인물인 라트코 믈라디치가 2011년 5월 유엔 재판소로 인계되었습니다. 보스니아계 세르비아군 지도자였던 라트코 믈라디치는 대량 학살, 전쟁 범죄 등으로 기소되었습니다.

생각해 보기

유엔의 평화 유지군이 파견되었음에도 스레브레니차에서 학살이 자행되었다. 네덜란드에서 파견된 평화 유지군은 보스니아 분쟁에서 '이해관계'가 없었다. 분쟁 중인 양쪽 어느 편에도 속하지 않았기 때문에, 평화 유지군은 어떤 편을 두둔할 이유가 없었다. 그래서 평화 유지군은 평화를 지킬 수 있는 완벽한 선택인 것처럼 보였다. 하지만 결과는 참패였다.

어떤 사람들은 평화 유지군의 규모가 작고, 무기가 충분하지 않았다고 유엔을 비난하기도 한다. 평화 유지군은 왜 학살을 멈추게 할 수 없었을까? 평화를 유지할 분명한 사명이 없는 군인들을 분쟁 지역에 파병하는 것이 잘한 일일까? 평화 유지군이 적에 대항해 무고한 사람들을 보호하기 위해서는 무엇이 필요한 것일까?

- 보스니아 내전에서는 '민족 청소'라는 신조어가 등장했다. 전쟁을 시작한 보스니아계 세르비아인의 목적은 다른 민족들을 보스니아에서 내쫓고 그들만으로 구성된 나라를 세우는 것이었다.
- 보스니아계 세르비아인들은 피란민 주거지인 스레브레니차에서 일주일 만에 8,000여 명의 보스니아 성인 남자와 소년들을 도륙했다. 이를 '스레브레니차 학살 사건'이라고 한다.

아프리카에서 현재 진행 중인 제노사이드

지난 반세기 동안 아프리카는 정치 불안에 시달렸습니다. 그 결과 아프리카에서 다시 몇몇 제노사이드가 발생했습니다. 다른 제노사이드처럼 고질적인 인종 갈등으로 인해 비극이 일어났지요.

지난 반세기 동안 아프리카는 정치 불안에 시달렸습니다. 그 결과 아프리카에서 다시 몇몇 제노사이드가 발생했습니다. 다른 제노사이드처럼 고질적인 인종 갈등으로 인해 비극이 일어났지요.

르완다 : 후투족 vs 투치족

1890년대 유럽인이 르완다에 오기 전에는 후투족과 투치족은 평화롭게 살아가고 있었습니다. 하지만 독일이 1895년에 르완다를 식민지로 만들었고, 제1차 세계 대전 패전 이후 통치권을 벨기에로 넘겼지요. 벨기에는 소수의 투치족을 활용하여 다수의 후투족을 지배했습니다. 이후 두 부족의 관계는 적대적으로 변하기 시작했고, 약 100년 뒤 끔찍한 결과를 낳았습니다.

르완다는 농업을 기반으로 하는 국가입니다. 소를 기르는 투치족은 농사를 짓는 후투족보다 사회적 지위가 높습니다. 후투족과 투치족은 서로 생김새가 비슷합니다. 그러나 식민 지배자인 벨기에가 두 부족 사이의 얼굴 생김새나 피부색 등에서 아주 작은 차이를 인위적으로 구분하면

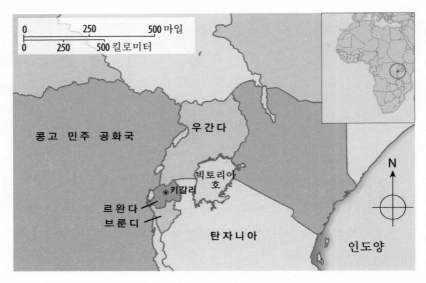

르완다는 중앙아프리카에 있는 작은 내륙 국가이다.

서 후투족과 투치족 마음속에 분열이 싹트기 시작했지요. 대부분의 제노사이드는 아주 작은 차이에 대한 분노가 쌓여서 일어납니다.

　후투족과 투치족의 갈등은 1950년대 반란으로 폭발했습니다. 당시 후투족은 투치족의 지도자들을 내쫓았어요. 그리고 그 과정에서 수천 명의 투치족을 죽였습니다. 1962년 르완다는 벨기에로부터 독립했고, 후투족은 권력을 장악했습니다. 후투족 출신 쥐베날 하브자리마나는 1973년부터 1994년까지 20년 이상 르완다를 다스렸지요. 그런데 1994년 4월 쥐베날 하브자리마나 대통령이 타고 가던 비행기가 키갈리 국제공항 근처에서 격추되었습니다. 대통령 암살의 범인은 아직도 밝혀지지 않았습니다.

하지만 대통령 암살 사건은 르완다의 두 부족 간의 갈등을 부추겼고 르완다 제노사이드의 도화선이 되었습니다. 그 결과 투치족뿐만 아니라 정부 정책에 반대하는 후투족까지 살해당하는 제노사이드가 일어났어요.

제노사이드의 빠른 확산

르완다의 제노사이드가 진행되는 속도는 상상을 초월했습니다. 100일 만에 대략 80만 명이 학살되었습니다. 1994년 4월 20일 겨우 하루 동안 약 3만 5,000명에서 4만 3,000명의 사람이 살해당했지요. 르완다 제노사이드는 역사상 어떤 대량 학살보다도 빠른 속도로 진행되었습니다. 대량으로 사람들을 빨리 죽이기 위한 목적으로 수용소를 만들었던 나치조차 이렇게 맹렬한 속도로 사람들을 죽이지는 않았습니다.

신속하고 잔인했던 르완다 제노사이드는 벌건 대낮에 벌어졌습니다. 사람들은 자신들의 집에서 끌려 나와 고문당하거나 성폭행당한 다음 대낮 거리 한복판에서 살해당했지요. 일반 시민들도 이 잔인한 살해에 가담했습니다. 후투족은 라디오를 통해 투치족을 죽일 것을 독려했습니다. 결국, 평범한 르완다 사람들도 이 천인공노할 범죄에 가담해 사람들을 죽였습니다. '집단적 증오'에 휩싸여 이웃과 동료가, 의사가 환자를, 선생이 제자를 살해했습니다. 후투족 민병대는 이러한 야만적인 살인에 동조하지 않은 같은 종족을 총으로 쏴버렸습니다.

르완다 제노사이드는 시작과 동시에 신속히 끝이 났습니다. 투치족이 이끄는 르완다 애국 전선은 하브자리마나 대통령이 암살당한 날부터 후투족과의 내전에 참여했습니다. 르완다 애국전선은 전쟁에서 점차 유리

한 고지를 확보했습니다. 전쟁 100일째 되던 날, 투치족과 르완다 애국 전선은 후투족을 물리치고 전쟁과 제노사이드를 동시에 끝냈습니다.

가난한 나라에서 분쟁이 일어나면 사람들은 영국이나 미국 같은 주요 국제사회 일원국들이 분쟁을 해결하기 위해 어떤 역할을 할 것이라고 기대합니다. 하지만 가끔 강대국들은 뒤로 물러나, 분쟁에 휩싸인 당사자들이 문제를 해결하도록 가만히 지켜보기도 합니다. 자신들과 긴급한 이익이 관련되지 않았기 때문이기도 합니다. 훗날 당시 미국의 대통령이었던 빌 클린턴은 미국이 르완다 사태에 개입했어야 했다는 것을 깨달았습니다. 그는 이렇게 말했습니다.

"우리 미국과 세계 여러 나라는 이 끔찍한 비극을 막기 위해 노력할 수 있었고, 노력했어야 했다."

다음은 르완다 제노사이드에서 살아남은 클레어라는 여성의 증언입니다. 클레어의 남편과 두 아이는 르완다 제노사이드로 희생되었습니다.

"우리는 체포되어 온갖 고문을 당했어요. 죽을 만큼 두들겨 맞았지요. 죽은 사람과 다친 사람들 몸에서 나온 피를 강제로 마시기도 했고요. 그들은 우리들을 죽이려고 길가에 있는 구덩이로 데려갔어요. 그리고 우리를 산 채로 구덩이 안으로 빠뜨렸어요. 얼마간 시간이 지난 후 나는 의식을 되찾았지요. 그때 아들이 생각났어요. 그러나 손을 뻗어 아들을 만졌지만, 이미 싸늘해진 시신만 만져질 뿐이었어요."

바깥 세계의 역할

세계 강대국들은 르완다 제노사이드를 막기 위해 자신들이 어떤 것도

르완다 제노사이드의 끔찍한 대량
학살의 흔적이다.

할 수 없었다고 주장했습니다. 하지만 어떤 사람들은 강대국들이 르완다 제노사이드를 막기 위해 아무것도 하지 않기로 이미 결정했다고 주장합니다. 실제로 유엔은 제노사이드가 시작되기 전 르완다에 유엔 평화 유지군을 배치했습니다. 르완다 지원 임무를 맡아 파견된 유엔의 로메오 달레어 대장은 후투족이 제노사이드를 계획 중이라는 것을 알았고, 그들이 무기를 어디에 보관하는지도 파악했습니다. 달레어르는 이러한 정보를 유엔에 보고했지만, 유엔의 역할은 관찰하고 도와주는 것이지 분쟁 중인 상황에서 한쪽 편을 드는 것이 아니라는 답변만 들어야 했습니다.

┃ 유엔 평화 유지군이 르완다 난민 수용소를 지키고 있다.

생각해 보기

국제법을 보면 한 국가는 타국으로부터 간섭을 배제하고 독립된 의사 결정을 할 수 있는 권리를 가진다. 그런데 이처럼 어떤 한 나라에 인권 문제가 발생했을 때, 다른 나라는 그 나라의 주권을 존중해야 할까, 아니면 적극적인 개입을 해야 할까?

다르푸르

"우리는 홀로코스트로부터 어떤 교훈도 얻지 못했기 때문에 르완다에서 그와 같은 비극이 일어났어요. 그런데 우리는 르완다의 비극에서도 아무것도 배우지 못한 것 같습니다. 다르푸르에서 비극은 아직도 진행 중이기 때문입니다."

– 레오 카발리사, 르완다 제노사이드가 일어나기 전 탈출한 생존자

우리는 과거의 제노사이드로부터 제대로 교훈을 얻지 못한 것은 서글프지만 진실인 듯합니다. 우리는 제노사이드의 역사를 공부하지만, 역사는 그저 종이에 기록된 과거의 역사일 뿐이라고 치부하거나, 다시 되풀이되지 않을 것으로 생각하기 쉽습니다. 제노사이드와 같은 잔혹한 범죄가 다시 일어날 수 있다는 것을 상상하는 것은 사실 어려운 일이니까요. 그러나 실제로는 제노사이드는 반복해서 되풀이되었으며, 오늘날에도 여전히 일어나고 있어요. 르완다에서 끔찍한 비극이 발생하는 동안, 르완다와 가까운 곳인 수단에서도 민간인을 상대로 한 전쟁이 발생해 거대한 나라가 갈가리 찢어졌습니다.

다르푸르에서 제노사이드가 시작되었을 때, 수단은 북부, 남부, 서부로 분열된 상태였어요. 북부에 있는 수도 하르툼에는 정부가 구성되어 있었는데, 북부 사람들은 남부에서 생산되는 석유에 의존하여 경제생활을 영위했어요. 남부에는 반란군이 있었는데, 더 많은 국가 권력을 장악하고자 했기 때문에 북부의 정부와 갈등을 겪었어요. 서부에 있는 다르푸르에는 농부와 유목민이 살았지요. 북부의 정부군과 남부의 반란군 사

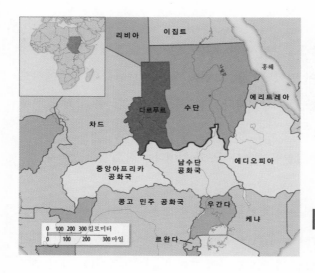

리비아 | 이집트
홍해
에리트레아
다르푸르 | 수단
차드
에디오피아
중앙아프리카
공화국 | 남수단
공화국
콩고 민주 공화국 | 우간다
케냐
르완다

0 100 200 300 킬로미터
0 100 200 300 마일

다르푸르는 수단의 서쪽
지역에 있다.

이의 내전은 여러 차례 일어났고, 결국 2011년 남부 지역은 남수단 공화
국으로 독립했어요. 내전이 벌어지는 오랜 시간 동안 서부의 다르푸르는
중앙 정부로부터 경제적 지원을 받지 못했기 때문에, 불만이 팽배해 있
었지요.

수단은 이처럼 지리적으로 분열되었을 뿐만 아니라, 문화적으로도 분
열되었어요. 북쪽 지역 사람들은 상당수가 아랍계 이슬람교도였는데, 남
쪽 지역 사람들은 주로 아프리카계 이슬람교도였습니다. 다르푸르에는
다양한 민족이 함께 거주하고 있습니다. 그래서 다르푸르 사람들은 다르
푸르가 늘 갈등의 현장이 되지 않을까 전전긍긍해 왔습니다. 실제로 여
러 차례 갈등을 빚기도 했습니다. 결국, 수년 동안 정치적, 인종적 갈등
이 빚어지다 2003년에 갈등의 도화선에 불이 붙고 맙니다.

2003년 4월 25일, 다르푸르 반군이 수단 남부의 풍부한 자원을 균등하게 분배할 것을 요구하며 북쪽 지역에 있는 정부군 기지를 공격하면서 수단 정부에 대한 반란이 시작되었습니다. 이에 대항해서 수단 정부는 정부군과 잔자위드를 동원했지요. 민병대인 '잔자위드'는 '말을 탄 악마'라는 뜻입니다. 정부군과 잔자위드는 살상을 전문으로 하는 잘 조직된 살인 병기였습니다. 마을을 공격하기 전에 그들은 다르푸르 지역의 이동전화 서비스를 차단하여, 마을 사람들이 외부에 공격 상황을 알리거나 도움을 요청할 수 없게 만들었습니다. 그리고 전투기로 마을을 폭격했습니다. 수백 개의 작은 폭탄을 떨어뜨렸고 심지어 화학 무기까지 동원했습니다. 말을 탄 잔자위드는 더 끔찍했습니다. 나치의 처형 부대가 제2차 세계 대전 동안 동유럽 사람들을 공포에 떨게 했던 것처럼, 잔자위드는 잔인함으로 악명을 떨쳤습니다. 잔자위드는 마음대로 살해하고, 성폭행하고, 고문했고, 마을 전체를 태워 버렸습니다. 마을 사람들이 사용하는 우물에 독을 부어, 아무도 그 마을에서 더는 살아갈 수 없게 만들었어요. 다른 제노사이드가 그랬던 것처럼, 잔자위드에게는 분쟁에서의 승리가 목적이 아니라, 다르푸르 사람들을 모조리 제거하는 것이 목적이었습니다.

　다르푸르에서 분쟁은 아직도 진행되고 있습니다. 평화 협정이 논의되기도 했지만 결실을 본 것은 없어요. 2005년에 미국의 중재로 수단 내전을 끝내는 평화 협상이 이루어졌지만, 다르푸르 분쟁은 끝나지 않았어요. 2004년 미국의 국무장관 콜린 파월은 다르푸르에서 일어난 잔인한 학살을 제노사이드라고 규정했습니다. 하지만 수단 정부는 다르푸르에서 제노사이드가 발생했다는 다른 나라의 주장을 인정하지 않고 있습니다. 유엔은 다르푸르 제노사이드로 인해 30만여 명의 사람들이 살해당했다고 추정했습니다. 그러나 수단 대통령 바시르는 1만여 명이 죽었을 뿐이라고 말했습니다.

인권 단체들은 다르푸르 제노사이드에 대해 강력하게 항의하며, 각국 정부가 나서서 제노사이드를 멈추게 해야 한다고 요구했지요. 이들 단체는 경제 제재의 방법으로 수단 정부와 무역을 중단할 것을 기업들에 강력히 요청했습니다. 인권 활동가들은 다르푸르를 돕기 위해 주요 도시에서 거대한 집회를 열었습니다. 조지 클루니, 안젤리나 졸리 같은 연예 스타들도 다르푸르의 상황을 사람들에게 알리기 위해 나섰습니다.

생각해 보기

희생자들에 대한 성폭행은 모욕을 주기 위한 일반적인 방법으로 일종의 고문이다. 다르푸르 제노사이드에서 여성과 소녀들은 잔자위드 병사에 의해 반복적으로 성폭행당했다. 잔자위드 병사들은 성폭행한 다음 희생자들의 손에 영원히 지워지지 않는 표식을 남겼다. 제노사이드의 목적은 한 공동체의 제거뿐만 아니라 그들을 모욕하고, 그들의 영혼을 짓밟는 것이다. 가해자들은 희생자들을 고문하고 모욕하는 것이 왜 필요하다고 생각할까? 이러한 고문과 모욕이 살아남은 생존자들에게는 어떤 영향을 미칠까?

다르푸르의 국내 난민

　자연재해, 전쟁, 제노사이드 등이 발생하면, 수많은 사람이 자신이 살아가던 터전을 뿌리째 잃게 된다. 어떤 사람들은 피란을 가서 다른 곳에 다시 정착하기도 한다. 다르푸르 사태로 인해 약 25만 명의 피란민이 이웃 나라인 차드에 정착했다. 하지만 새로운 정착지를 찾지 못한 사람들은 자국 피란민이 된다.

　다르푸르 분쟁으로 인해 약 270만 명의 자국 피란민이 생겨났다. 이들 자국 내 피란민들은 수용소에서 거주하며, 구호 단체에서 주는 음식으로 살아갈 수밖에 없다. 하지만 수단 정부는 국제 구호 단체가 자국 피란민에게 구호 물품을 전달하는 것을 막아 버렸다. 국제 구호 기관 자원봉사자들이 다르푸르로 들어가는 것을 막은 것이다. 겨우 다르푸르로 들어간 자원봉사자들도 협박과 납치 위협에 시달려야 했다.

▌다르푸르 제노사이드로 인해 쫓겨난 사람들

간추려 보기

- 르완다의 제노사이드가 진행되는 속도는 상상을 초월했다. 100일 만에 대략 80만 명이 학살되었다. 르완다 제노사이드는 역사상 어떤 대량 학살보다도 빠른 속도로 사람들을 처치했다.
- 다르푸르의 분쟁은 아직도 진행되고 있다. 몇몇 평화 협정이 논의되기도 했지만 결실을 본 것은 없다. 수단 정부는 다르푸르에서 제노사이드가 발생했다는 다른 나라의 주장을 인정하지 않고 있다.

기억과 치유

인간성을 파괴하는 끔찍한 범죄는 반드시 온 세상에 공개되어야 하며 항상 기억해야 합니다. 그렇지 않으면 역사의 비극은 계속 되풀이되기 때문입니다.

"내 삶이 일곱 겹으로 봉해진 하나의 긴 밤으로 되어 버린 그 날 밤, 수용소에서 맞은 첫날 밤을 절대 잊지 않으리라."

　노벨 평화상을 받은 엘리 위젤이 쓴 《나이트(Night)》에 나오는 구절입니다. 이 책은 10대 소년인 주인공이 나치의 강제 수용소 4곳을 경험한 이야기를 들려주는 자전 소설이지요. 엘리 위젤은 훗날 인류의 인간성 회복에 큰 공을 세운 사람에게 주는 노벨 평화상을 받았습니다. 많은 저술 활동과 대중 연설을 통해 엘리 위젤은 제노사이드가 다시 일어나는 것을 막기 위해서는 악몽 같은 인간 학살의 비극을 꼭 기억해야 한다는 메시지를 전달했지요. 우리는 강제 수용소에서 무슨 일이 일어났는지 배워야 합니다. 그리고 자신의 가족과 친척이 짐승처럼 총으로 살해당하고, 구덩이에 떨어져 묻히는 것을 두 눈으로 목격한 사람들의 증언을 들어야 합니다. 그리고 이러한 범죄를 저지른 사람들의 반성과 고백을 들어야 합니다.

기념비와 박물관

우리는 전쟁과 전쟁에서 쓰러져간 병사들을 잊지 않고 기억하기 위해 동상이나 기념비 등을 세웁니다. 마찬가지로 지난 세기 끔찍한 제노사이드로 희생된 사람들을 기억하기 위해 다음과 같은 일을 합니다.

- 예루살렘에서 영국 노팅엄에 이르기까지 세계 곳곳에 수백 개의 홀로코스트 기념비와 박물관을 세웠습니다.
- 나치의 범죄가 실제로 자행되었던 독일과 폴란드의 바로 그 장소에 기념비와 박물관을 건립했습니다. 그곳을 방문하는 사람들은 아우슈비츠에 여전히 서 있는 당시 건물들을 걸어서 둘러볼 수 있습니다.
- 예레반에 있는 아르메니아 제노사이드 기념비는 높이가 44미터나 되는데, 터키 사람의 손에 죽어간 아르메니아 사람들의 환생을 상징하고 있습니다.
- 캄보디아 프놈펜의 투올 슬렝 감옥을 기념관으로 바꾸었습니다.
- 2003년 보스니아 정부는 제노사이드로 죽은 희생자를 기리기 위해 스레브레니차에 기념 묘지를 세웠습니다. 넓은 들판에 가득 찬 수천 개의 묘비는 그곳에서 희생당한 사람들이 얼마나 많은지, 그 끔찍한 진실을 일깨워줍니다.
- 르완다의 키갈리에는 기념관이 세워졌습니다. 25만 명이 넘는 사람들이 살해당한 그 장소입니다. 박물관과 방문객 센터 외에 이곳에는 구덩이에 버려졌던 시신들을 다시 예를 갖춰 묻은 거대한 무덤들이 여러 개 있습니다.

이스라엘 예루살렘에 있는 야드 바셈 박물관. 홀로코스트 희생자들의 이름과 사진이 전시
되어 있다.

교육

많은 제노사이드 추모 박물관에는 제노사이드에 관한 진실을 다음 세
대에게 가르쳐 주기 위한 책, 문서, 사진 필름 자료 등을 마련해 두고 있
습니다. 또한, 많은 학교에서 제노사이드를 사회 과목에 포함해 교육하
고 있습니다.

관련 단체들은 목격자들의 증언을 보존하기 위해 '구술 생애사' 프로
젝트를 시작했습니다. 이 프로젝트를 통해 제노사이드 목격자들과의 인
터뷰를 진행하고 그 내용은 녹취되어 영구히 보존됩니다.

영화감독 스티븐 스필버그는 1994년 쇼아 재단을 설립하여, 홀로코스트를 경험한 5만 2,000여 명의 목격자 증언을 확보하였습니다. 이 외에도 아르메니아, 캄보디아, 르완다의 제노사이드에 대한 구술 생애 기록도 이루어지고 있습니다.

종결

불행하게도 제노사이드에 대한 우리의 기억은 불완전합니다. 왜냐하면, 그동안 제노사이드 희생자들의 증언에만 귀를 기울였기 때문입니다. 가해자들의 증언이 보태어질 때, 비로소 우리는 완전한 진실을 알게 됩니다. 우리는 끔찍한 범죄가 우리와 똑같은 평범한 사람들에 의해 저질러졌다는 사실을 명심할 필요가 있습니다.

제노사이드에 대한 재판은 최근까지도 여전히 진행 중입니다. 2011년 크메르 루주의 4명의 주요 지도자에게 32년 전에 끝난 캄보디아 킬링필드 사건의 책임을 묻는 재판이 열렸지요. 제노사이드에 대한 재판이 모두 전통적인 법정에서만 진행되는 것은 아닙니다. 르완다에서는 제노사이드가 일어난 다음 해 약 1만 개의 가차차 재판소가 설치되었습니다. 가차차 재판소는 공원이나 혹은 다른 야외 공간에서 여는 비공식 재판을 말합니다. 가차차 재판은 누구를 벌주는 것이 아니라 가해자들의 이야기를 듣고, 토론하기 위한 것입니다. 가차차 재판소의 재판관들은 투치족과 후투족 두 부족에서 모두 존경받는 사람들로 구성되었습니다. 가차차 재판소는 사람들이 과거의 비극에 종지부를 찍고, 과거의 적과 함께 살아가기 위해 찾아낸 하나의 해결책이었지요.

나치가 저지른 홀로코스트의 가해자들이 거의 고령으로 죽었음에도,

국제 변호사들은 여전히 과거에 나치를 도운 기업에 소송을 제기하고 있습니다. 국제 변호사들은 소송을 통해 홀로코스트 생존자들의 가족에게 보상해 주라고 요구하지요. 실제로 거대 독일 은행인 도이치방크는 나치가 아우슈비츠 수용소를 건축할 때 기금을 낸 것으로 드러났습니다.

나치가 강탈한 재산을 추적하여 생존자의 가족에게 되돌려 주는 일도 진행 중입니다. 홀로코스트 동안 최소한 100억 달러(약 11조 9,200억 원)의 현금, 재산, 보석 등이 나치의 손에 넘어갔습니다. 최근에는 박물관에 있는 작품들이 나치가 유대인에게서 훔친 것으로 판명이 나서, 국제 법정이 피해자의 살아있는 가족들에게 이 작품들을 되돌려줄 것을 명령했습니다.

이러한 노력은 모두 오래된 논쟁을 종결짓고, 정의가 실현된다는 것을 보여 줌으로써 비극을 끝내고자 하는 것입니다. 그러나 논쟁이 종결되었다는 사실이 비극을 잊어도 된다는 것을 의미하지는 않습니다. 일반적인 범죄의 경우, 진실이 드러나고, 범죄자가 처벌받으면 잊기 쉽고 기억하지 않아도 괜찮습니다. 하지만 인간성을 파괴하는 끔찍한 범죄는 반드시 온 세상에 공개되어야 하며 항상 기억해야 합니다. 그렇지 않으면 역사의 비극은 계속 되풀이되기 때문입니다.

르완다 화해 프로그램에서 어린아이가 평화의 기쁨을 즐기고 있다.

집중탐구 제노사이드의 특징

　모든 제노사이드가 똑같은 방식으로 진행되는 것은 아닙니다. 그러나 역사학자들은 대부분의 제노사이드가 다음과 같은 특징을 가지고 있다고 말합니다.

- 분리 : 특정 인종, 부족 혹은 종교 집단이 제거되어야 할 나쁜 사람들로 낙인찍히고 사회에서 분리됨.
- 정체성의 변경 : 개종을 강요하거나 국적을 바꾸게 함으로써 한 집단의 정체성을 바꿈.
- 기아 : 식량 공급을 제한해서 굶어 죽게 만듦.
- 인간성 말살 : 프로파간다를 통해 특정 집단의 사람을 외계인, 병든 사람, 인간이 아닌 악마, 쥐, 벌레 등으로 이미지를 덧씌움.
- 아이들을 강탈 : 아이들을 부모로부터 빼앗음. 문화를 이어갈 가장 어린 세대를 제거함으로써 특정 집단의 세습과 전통을 파괴함.
- 고문 : 아무 이유 없이 죄 없는 사람들이 고문을 함. 일부는 살아남고, 일부는 고문 끝에 살해당함.
- 대량 학살 : 모든 제노사이드에서 나타나는 특징으로, 많은 사람이 살해당함.
- 모욕 : 프로파간다와 폭력을 통해 공개적으로 창피를 줌. 조롱하는 사람들 앞에서 옷을 벗긴 채 두들겨 맞거나, 여성들은 성폭행을 당함.
- 계획적 : 제노사이드는 우연히 일어나는 것이 아니다. 가해자들은 의식적이고 구체적으로 제노사이드를 수행할 방법을 계획함.
- 추방 : 특정 집단의 사람들이 자신들이 살던 지역에서 쫓겨나 다른 도시, 강제 수용소나 감옥으로 강제 이동됨.
- 법적 · 경제적 제한 : 법적 권리(직업, 수입, 건강, 주거 등에 관한 권리)를 빼앗음.

● 출산 제한 : 아이를 가질 수 없도록 불임 수술을 받게 하여 새로운 세대가 태어나는 것을 막음.
● 문화와 역사 말살 : 도서관, 박물관, 문서, 교회 등의 건물을 파괴해 제거하고자 하는 집단의 문화와 역사를 없앰.

간추려 보기

• 인간성을 파괴하는 끔찍한 범죄는 반드시 온 세상에 공개되어야 하며 항상 기억해야 한다. 그렇지 않으면 역사의 비극은 계속 되풀이 될 것이기 때문이다.

용어 설명

강제 이주 한 집단의 사람을 강제로 그들의 터전에서 다른 곳으로 옮김.

개종 믿던 종교를 다른 종교로 바꾸는 것.

격리 수용소 사람들을 붙잡아서 강제로 가두어 두는 곳.

공산주의자 공산주의를 지지하는 사람. 공산주의는 계급이 없는 사회를 지향하고, 개인이 토지나 공장 등 생산 수단을 갖는 것을 부정한다.

기근 수많은 사람이 굶주림에 이르는 것.

몰살 모조리 다 죽거나 죽임. 또는 그런 죽음.

민병대 군인이 아닌 민간인으로 구성된 부대.

민족 청소 어떤 민족을 사회나 한 지역에서 대량으로 죽여 없애 버리는 것.

박해 못살게 굴거나 희생자를 만드는 것.

반유대주의 유대인을 향한 차별과 증오.

소련 러시아를 중심으로 유라시아 북부에 존재하였던 세계 최초의 사회주의 국가 연합. 1991년 러시아를 포함한 독립국가연합으로 해체·변경되었다.

아리안 다른 인종보다 우수하다고 생각하는 백인 유럽인의 인종을 가리키기 위해 나치가 사용한 말.

연합군 제2차 세계 대전에서 추축국(독일, 일본, 이탈리아)에 대항해 싸운 국가 연합을 말한다. 미국, 영국, 소련 등으로 구성되었다.

유엔(United Nation) 세계 거의 모든 나라를 아우르는 국제기구로 1945년 10월 24일 출범했다.

이단자 어떤 종교의 기본 가르침에 어긋나
는 믿음을 가진 사람.

종교 재판 로마 가톨릭교회를 옹호하기 위
하여 12세기에서 16세기에 행하여진 재판.
이 재판을 통하여 이단자를 가려내어 박
해 · 처형하였다.

죽음의 수용소 수감자들을 대량으로 처형
시키는 장소.

처형 부대 제2차 세계 대전 동안 점령지에서
전투보다 대량 학살을 자행한 나치 군부대.

추축국 제2차 세계 대전 중에 연합국 측에
대항하여 전쟁한 세력. 나치 치하 독일, 이탈
리아, 일본 등이 포함된 추축국은 전쟁의 패
배로 해체되었다.

축출 어떤 사람을 강제로 어느 지역이나 나
라에서 쫓아내거나 몰아냄.

프로파간다 어떤 것의 존재나 효능 또는 주
장 따위를 포스터, 미디어, 영화, 책 등을 통
해 대중에게 알리고 설득하는 활동.

연표

기원전 149년 ~ 기원전 146년	로마 병사들이 25만 명의 카르타고인을 살해했다.
1095년 ~ 1200년대	로마 가톨릭교회가 십자군 전쟁을 일으켜 수많은 이슬람교도와 유대인을 살해했다.
1206~1368년	몽골이 제국을 확장하기 위해 정복 전쟁을 벌이면서 수많은 사람들을 살해했다.
1400년대~1700년대	스페인에서 가톨릭교회가 종교 재판을 열어 가톨릭을 믿지 않는 많은 사람들을 박해했다.
1794년	프랑스 군인들이 방데 지방의 약 17만여 소작농을 살해했다.
1830년대	미국 정부가 원주민들을 강제 이주시켰고, 그 과정에서 원주민 1만 5,000여 명이 목숨을 잃었다.

1828~1832년	영국인들이 오스트레일리아를 식민지화하기 위해 태즈메이니아섬 원주민 2,000여 명을 절멸시켰다.
1845~1852년	아일랜드 인구의 약 25퍼센트가 영국의 식량 착취로 야기된 기근으로 죽었다.
1860년대	러시아가 최소 100만 명의 체르케스인을 살해하고 50만여 명의 체르케스인을 추방했다.
1915~1918년	오스만 제국이 수많은 아르메니아 사람들을 학살하고 추방했다.
1932~1933년	소련의 스탈린이 6~700만여 명의 우크라이나 사람을 굶겨 죽였다.
1937~1938년	일본군이 중국 난징을 정복하고, 1~30만 명의 중국인을 살해했다.
1938~1945년	독일에서 나치가 600만여 명의 유대인을 살해했다.

1975~1979년   캄보디아의 크메르 루주는 수
많은 사람들을 살해했다.

1988년   이라크의 사담 후세인이 쿠르드족
을 공격하여 18만 명 이상이 살해당했다.

1992~1995년   보스니아계 세르비아인들이 8,000여 명의 이슬람교도를 학살
했다.

1994년   아프리카 르완다에서 후투족이 80만여 명의 투치족을 학살
했다.

2003년~ 현재   아프리카 수단의 다르푸르에서 30만여 명의 사람들이 살해당
했다.

더 알아보기

평화를 품은 집 www.nestofpeace.com
지리적으로는 남북 분단의 상징인 DMZ와 임진강에 근접하고, 역사적으로는
한국 전쟁 때 중국군과 치열한 전투가 벌어졌던 파주시 파평면 두포리에 자리
하고 있다. 최근 100년 동안 대량 학살이 일어났던 지역인 아르메니아, 난징,
폴란드(오시비엥침, 비르케나우, 마이다네크), 캄보디아 킬링필드, 르완다 등의 학
살에 관련된 도서, 영상 자료, 역사 개요를 전시한 '제노사이드 역사 자료관'을
운영하고 있다. 그뿐만 아니라 평화, 인권, 환경 관련 도서를 주로 갖춘 '평화
도서관'과 평화, 인권, 환경 관련 영상물 상영, 관련 기획 전시회 및 세미나 개
최, 공연 등을 할 수 있는 '평품 소극장'을 운영하고 있다.

다르푸르 포토 에세이 www.unicef.org/photoessays/25400.html
아프리카 수단의 다르푸르에서 일어난 제노사이드에서 살아남은 사람들의 일
상을 보여주는 12장의 사진과 에세이를 제공하고 있다.

유엔 www.un.org/en/preventgenocide/adviser/index.
제노사이드의 정의, 제노사이드 방지를 위한 유엔의 역할, 유엔의 제노사이드
방지 대책에 관한 다양한 정보를 제공하고 있다.

찾아보기

내인생의책은 한 권의 책을 만들 때마다
우리 아이들이 나중에 자라 이 책이 '내 인생의 책'이라고 말할 수 있는 책을 만들고자
합니다.

세상에 대하여 우리가 더 잘 알아야 할 교양
㊸ 제노사이드 집단 학살은 왜 반복될까? (원제: Genocide)

마크 프리드먼 지음 | 한진여 옮김 | 홍순권 감수

초판 인쇄일 2015년 9월 18일 | 초판 발행일 2015년 9월 25일
펴낸이 조기룡 | 펴낸곳 내인생의책 | 등록번호 제10-2315호
주소 서울시 강서구 가양동 52-7 강서 한강자이타워 A동 306호
전화 (02)335-0449, 335-0445(편집) | 팩스 (02)6499-1165
전자우편 bookinmylife@naver.com | 카페 http://cafe.naver.com/thebookinmylife
편집장 이은아 | 편집1팀 신인수 조정우 이다겸 김예지 | 편집2팀 강성구
디자인 안나영 김지혜 | 경영지원 김지연

ISBN 979-11-5723-200-0 44300
ISBN 978-89-97980-77-2 44300(세트)

책값은 뒤표지에 있습니다. 잘못된 책은 구입처에서 바꾸어 드립니다.

이 도서의 국립중앙도서관 출판시도서목록(CIP)은 e-CIP 홈페이지(http://www.ml.go.kr/ecip)에서 이용하실 수 있습니다.
(CIP제어번호: 2015022174)

디베이트 월드 이슈 시리즈

세상에 대하여 우리가 더 잘 알아야 할 교양

전국사회교사모임 선생님들이 번역한 신개념 아동·청소년 인문교양서!

《디베이트 월드 이슈 시리즈 세더잘》은 우리 아이들에게 편견에 둘러싸인 세계 흐름에서 벗어나 보다 더 정확한 정보와 지식을 제공합니다. 모두가 'A는 B이다.'라고 믿는 사실이, 'A는 B만이 아니라, C나 D일 수도 있다.' 라는 것을 알려 주면서 아이들이 또 다른 진실을 발견하도록 안내합니다.

★ 전국사회교사모임 추천도서 ★ 문화체육관광부 우수교양도서 ★ 한국간행물윤리위원회 청소년 권장도서 ★ 서울시교육청 추천도서
★ 보건복지부 우수건강도서 ★ 아침독서 추천도서 ★ 대교눈높이창의독서 선정도서 ★ 학교도서관저널 추천도서

① 공정무역 ② 테러 ③ 중국 ④ 이주 ⑤ 비만 ⑥ 자본주의 ⑦ 에너지 위기 ⑧ 미디어의 힘 ⑨ 자연재해 ⑩ 성형 수술
⑪ 사형제도 ⑫ 군사 개입 ⑬ 동물실험 ⑭ 관광산업 ⑮ 인권 ⑯ 소셜 네트워크 ⑰ 프라이버시와 감시 ⑱ 낙태 ⑲ 유전
공학 ⑳ 피임 ㉑ 안락사 ㉒ 줄기세포 ㉓ 국가 정보 공개 ㉔ 국제 관계 ㉕ 적정기술 ㉖ 엔터테인먼트 산업 ㉗ 음식문맹
㉘ 정치 제도 ㉙ 리더 ㉚ 맞춤아기 ㉛ 투표와 선거 ㉜ 광고 ㉝ 해양석유시추 ㉞ 사이버 폭력 ㉟ 폭력 범죄 ㊱ 스포츠
자본 ㊲ 스포츠 윤리 ㊳ 슈퍼박테리아 ㊴ 기아 ㊵ 산업형 농업 ㊶ 빅데이터 ㊷ 다문화 ㊸ 제노사이드

친구처럼 말을 건네는 살아 있는 지식!

청소년 지식수다는 시사적인 이슈를 사회, 과학, 경제, 문화적 관점에서 들여다보며 세상을 해석하는 나만의 시각을 길러 줍니다.

⑥ 경제 성장이라는 괴물

경제 성장의 이면에 감춰진 진실을 파헤치다!
지속가능한 발전의 모든 것을 50개 키워드로 알기 쉽게
설명한다. 어떻게 사는 것이 진정으로 인간다운 삶인지를
수다 떨듯 재미있게 알려주는 청소년 교양서.

실비 뮈니글리에 · 브누아 브로이야르 글 | 마튜 드 뮈종 그림 | 윤순진 감수 |
김보희 옮김

청소년 지식수다는 계속 출간됩니다.

**① 원자력이 아니면
촛불을 켜야 할까?**

장바티스트 드 파나피외 글 | 쥘리앙 르
브뉘 그림 | 곽영직 감수 | 배형은 옮김

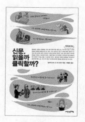

② 신문, 읽을까 클릭할까?

마리옹 기요 글 | 니콜라 와일드 그림 |
김민하 감수 | 이은정 옮김

아는 만큼 건강해지는 성
③ 청소년 빨간 인문학

키라 버몬드 글 | 박현이 감수 | 정용숙
옮김

**④ 언어가 사라지면
인류는 어떻게 될까?**

실비 보시에 글 | 안느 루케트 그림 | 이
기용 감수 | 배형은 옮김

⑤ 돈을 알면 세상이 보일까?

알렉상드르 메사제 글 | 파코 그림 | 노
상채 감수 | 김보희 옮김